2011 중국 부동산 발전보고

Annual report on the development of China's real estate

原題: 中国房地产发展报告 No. 8 (2011 房地产蓝皮书)
原出版社: 社会科学文献出版社

2011

중국 부동산 발전보고

주편 / 판자화, 리징궈

부주편 / 샤자오웨이, 리언핑, 리칭

번역 / 이기영

역자의 글

이 책은 흔히 중국의 싱크탱크라 불리는 중국사회과학원에서 발표하는 보고서 시리즈인 블루북 시리즈의 유일한 부동산전문보고서인『중국 부동산 발전보고』의 2011년 판인『중국 부동산 발전보고 NO. 8』의 공식 한국어 번역서이다.『중국 부동산 발전보고 NO. 8』은 2011년 5월 5일 중국에서 정식 출판되었다. 한국어판『중국 부동산 발전보고』는 이미 2009년과 2010년에 해당연도의 번역본을 역자가 번역하여 건국대학교출판부에서 출판한 바 있었고, 이번『2011 중국 부동산 발전보고』는 그 연장선상에 있는 보고서이다.

세계 경제의 불확실성이 크게 존재하고 있는 상황에서 세계 경제의 대국으로 성장한 중국 경제의 발전 추세와 향후 전략에 대한 관심은 그 어느 때보다 커져 있다. 특히 미국, 일본, 유럽 등 기존 경제대국들의 경제회복이 늦어질 것으로 예상되면서 중국이 세계 경제 발전에 어느 정도로 그리고 어떠한 측면에서 공헌하게 될 것인지에 대한 관심과 연구는 외부경제의 영향을 크게 받는 우리 한국으로서는 당연한 것이라 하겠다.

중국 경제에서 부동산시장과 부동산업이 차지하는 위치와 비중이 크기 때문에 한국에서도 중국 부동산에 대한 관심이 매우 높고 이와 관련된 연구도 많이 시도되고 있다. 하지만 현재 한국에는 중국 부동산 전문서적과 자료가 많지 않기 때문에 체계적인 연구를 진행함에 있어서 한계가 존재한다. 이 책은 이러한 한계의 극복에 조금이나마 도움이 되고자 한다. 이 책의 가장 중요한 특징은 중국 내에서 가장 신뢰할 수 있는 최신의 다양한 수치를 가지고 다양한 측면에서 중국 부동산을 분석하였다는 것이다. 또한 연차보고서인 특성으로 인해 사용되고 있는 수치들이 연도별로 누적됨에 따라 수치의 변화

움직임을 시간의 변화에 따라 비교해볼 수 있어, 중국 부동산의 역사적 추세 분석 및 미래 예측 그리고 중국 경제의 연구에 도움을 줄 수 있을 것이라고 기대한다.

『중국 부동산 발전보고 NO. 8』은 '총보고, 토지 편, 금융 및 기업 편, 시장 편, 주택보장 및 관리 편, 지역 편, 국제경험 편, 핫이슈'의 8개 파트로 구성되어 있다. 이에 반해 한국어판 『2011 중국 부동산 발전보고』는 이들 내용 중 한국 독자가 관심이 있을 만하고 한국의 연구자들에게 직접적인 도움을 줄 수 있을 것으로 보이는 내용들을 추려서 '총보고, 토지 편, 금융 및 기업 편, 시장 편, 주택보장 편, 지역 편'의 6개 파트로 구성하였다.

2010년은 중국의 11차 5개년 규획의 마지막이자 12차 5개년 규획을 준비하는 특별한 연도이기 때문에 '총보고'에서는 11차 5개년 규획시기(2006~2010년)의 중국 부동산의 발전을 회고해 보고 향후 12차 5개년 규획기간의 중국 부동산 발전 추세에 대한 전망을 하였으며, 2010년 한 해 동안의 중국 부동산 발전 회고와 2011년 중국 부동산시장에 대한 전망을 나누어서 분석을 진행하였다. 그리고 나머지 5개 파트에서는 주제별로 해당 분야 중국 전문가들이 연구를 진행하였다.

2010년 중국 부동산시장은 흔히 '정책의 한 해'라 불릴 정도로 많은 조정정책이 나왔고 또한 조정정책의 영향이 컸던 해이다. 금융위기에 따른 부양정책의 영향으로 2009년 하반기부터 중국 부동산은 강한 반등을 하였고 이러한 상승 추세는 2010년 1분기까지 이어졌다. 이에 중국 정부에서는 4월 강력한 조정정책을 내놓았고 이로 인해 5월부터 시장에서 거래량이 크게 위축되었고 상품건물의 가격상승률 역시 점차 둔화되었다. 그 후 7~8월을 거치며 9월에 다시 거래가 회복되면서 상품건물가격이 다시 상승조짐을 보이자 중국 정부는 9월에 다시 조정정책을 내놓았고, 이에 시장에서는 잠시 시장거래가 위축되었으나 11월과 12월로 가면서 시장거래는 회복조짐을 보였다.

2010년 중국 부동산시장에서 주목할 만한 사실들은 중국 정부가 부동산에 대한 민생적 의미를 크게 부여하였고, 이에 따라 보장성 주택의 건설이 크게 증가하였다는 것이다. 그리고 이러한 보장성 주택의 건설 확대는 12차 5개년 규획기간 내내 이루어질 예정이다. 중국 정부는 보장성 주택의 확대를 통해서 민생문제를 해결하고 주택가격도 억제하겠다는 목표이다. 과연 이러한 목표가 2011년과 나아가 12차 5개년 규획기간 중 어떠한 방식으로 실행되고 어떠한 효과를 낼 것인지는 향후 중국 부동산 발전을 바라보는 데 있어 중요한 포인트가 될 것이다.

이 책을 번역함에 있어 독자들로 하여금 단순히 2010년 중국 부동산의 상황을 이해하는 것 외에도 중국학자 및 전문가들의 부동산시장에 대한 접근방식과 논리를 알 수 있도록 하기 위하여 최대한 원저자의 의도와 느낌을 살리는 데 중점을 두었다.

이 책이 출판되기까지 작년에 이어 많은 도움과 격려를 주신 중국사회과학원 도시발전 환경연구소 리징궈 교수님과 건국대학교 부동산대학원 손재영 교수님, 정의철 원장님, 박준희 교수님, 이홍천 실장님, 건국대학교 부동산대학원 중국 부동산연구회와 건국대학교출판부 관계자들께 깊은 감사를 드린다.

2011년 9월

역자 이기영

머리말

『중국 부동산 발전보고 NO. 8』은 객관성과 과학성 그리고 중립성의 원칙 아래 중국 부동산시장의 최신 자료에 의거하여 심도 있는 연구와 분석을 진행하였다. 이 책은 크게 '총보고'와 '주제별 논문'으로 구성되어 있다. 총보고는 중국 부동산업과 부동산시장의 전체적인 발전의 분석과 전망에 중점을 두고 있으며, 주제논문들은 부동산 관련 각 세부주제별로 논의를 진행하였다.

2010~2011년은 중국이 11차 5개년 규획을 마무리하고 12차 5개년 규획으로 넘어가는 전환점에 있는 중요한 시기이다. 따라서 『중국 부동산 발전보고 NO. 8』은 예년의 『중국 부동산 발전보고』에서 지난 한 해의 부동산시장에 대한 회고와 올 해의 전망을 다루었던 것에서 다소 변화를 주어 11차 5개년 규획시기를 돌아보고 12차 5개년 규획시기에 대한 전망을 하였다.

11차 5개년 규획시기는 중국 부동산 발전이 파란만장했던 5년이라고 할 수 있다. 부동산업과 부동산시장은 V자형의 변동을 겪었다. 중국 부동산은 2005~2008년 초까지 빠른 성장을 하다가 2008년 하반기부터 2009년 2분기까지 금융위기의 영향으로 단기적으로 강한 조정을 받았다. 그 후 2009년 3분기부터 다시 큰 반등세를 보였다. 전체적으로 보면 부동산 투자와 부동산의 수요공급은 모두 빠른 증가추세를 보이면서 성장하였고, 이는 다시 국민경제의 빠른 성장을 지지하는 작용을 하였으며 주민들의 주거환경과 도시발전환경을 크게 개선하였다. 그러나 경제체제와 부동산관리제도의 불완전성은 중국 부동산이 발전과정에 있어서 다음과 같은 일련의 모순과 문제점을 야기했다. 지방정부의 토지재정에 대한 과도한 의존, 시장 관리감독의 부족, 개발회사들의 독점적 행위 심각, 투기성 수요의 급증 및 투기수요가 부동산시장의 구매행위를 주도하면서 경제사회 발전의 수준에 부합되지 않을 정도로 높은 주택가격 조장, 주택공급의 지나친 시장의존화로 인한 주택보장의 부족 등은 지난 11차 규획시기를 거치면서 크게 부각된 문제점들이다.

12차 5개년 규획시기에 중국은 인구구성과 도시화의 전환기를 맞게 될 것이고 주택시장 국면에도 중대한 변화가 생길 것으로 보인다. 도시 신규가정의 증가 폭이 둔화되면서 도시에서의 기본적인 주거수요 만족을 위한 첫 번째 주택구매수요의 증가 폭이 둔화될 것이며, 도시주민들의 소득이 크게 증가하면서 기존 도시주민들의 개선형 주택수요는 새로운 증가의 시기를 맞이하게 될 것이다. 산업발전의 관성으로 인해 주택 총공급은 여전히 증가 추세를 유지하게 될 것이며, 중앙정부 차원에서 주택에 대한 공공지원의 역량을 강화하여 보장성 주택의 공급이 빠른 속도로 이루어질 것이다. 동시에 기존주택시장에서 기존주택의 공급량이 점차 확대될 것으로 예상된다.

차 례

PART 1

총보고

11차 5개년 규획시기의 부동산시장 회고와 12차 5개년 규획시기 전망

11차 5개년 규획시기의 부동산시장 회고와 12차 5개년 규획시기 전망

블루북 프로젝트팀[1]

1. 11차 5개년 규획시기[2] 부동산시장 발전 추세와 2010년 특징

1) 11차 시기의 발전 추세

11차 시기의 부동산시장은 대체적으로 부동산가격 변동 폭이 비교적 컸으며 특히 주택가격이 빠르게 상승했다는 특징을 보였다. 이에 부동산시장을 안정시키기 위한 각종 정책과 조치들이 지속적으로 발표되었다. 또한 이 시기에는 보장성 주택에 대한 중요성이 크게 두각되어 보장성 주택에 대한 계획의 수립과 투자의 집행이 유례없이 크게 증가하였다. 부동산시장에서 상품건물의 공급규모 자체는 지속적으로 확대되었지만, 그 증가속도가 완만해졌기 때문에, 전체적으로는 수급불균형의 상태가 여전히 지속되었다.

(1) 주택가격 변동이 심한 가운데 빠른 상승세

중국 주택가격은 2004년을 기준으로 하여 그 이전의 안정적 추세시기와 그 이후의 빠른 상승시기로 나눌 수 있다. 1998~2003년의 기간 동안 상품건물판매 평균가격은 2,063위안/㎡에서 2,359위안/㎡으로 비교적 안정적인 추세를 보였다. 이 기간 동안 주택가격은 -0.5~4.8%의 구간

---

1) 프로젝트팀: 리징궈(李景國), 샹자오웨이(尙教蔚), 리언핑(李恩平), 리용러(李永樂), 양훼이(楊慧), 딩싱챠오(丁興橋)

2) 이하 '11차 시기'로 표기, 12차 5개년 규획시기 역시 12차 시기로 표기

내에서 움직였다. 2004년과 2005년의 상품건물판매 평균가격은 각각 2,778위안/㎡과 3,167위안/㎡으로 전년대비 각각 17.8%와 14.0% 상승하였다. 금융위기 충격으로 인해 2008년 주택가격이 마이너스 상승(-1.7%)을 기록하기도 했지만, 11차 시기는 전체적으로 상품건물판매 평균가격이 빠른 상승을 보인 시기였다. 2006년의 3,367위안/㎡에서 2010년의 5,029위안/㎡으로 연평균 9.7%의 상승률을 보였다. 그 중 상품주택판매 평균가격은 2006년의 3,119위안/㎡에서 2010년 4,724위안/㎡으로 연평균 10.0%의 상승률을 보였다.

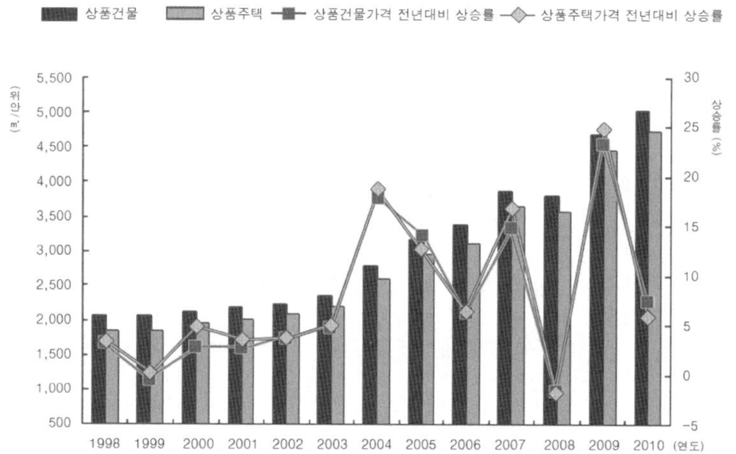

출처: 2009년 이전 수치는 『중국통계연감(2010)』, 2010년 수치는 『부동산통계쾌보』, 특별한 표기가 없으면 이하 같음.

〈그림 1〉 1998~2010년 상품건물판매 평균가격 추세

(2) 지속적인 부동산시장 조정과 주택보장에 대한 정책역량 확대

(가) 지속적인 부동산시장 조정

11차 시기에 중앙정부 차원에서 발표한 부동산시장에 대한 조정정책은 대략적으로 약 20여 개에 이른다(표 1). 2008년에 금융위기에 대응하기 위하여 주택소비장려정책을 펼쳤던 것을 제외하고는 그 외의

[표 1] 2001~2010년 중국 국무원 및 국무원 판공청에서 발표한 정책

명 칭	발표일시
국무원의 국유토지 자산관리 강화에 관한 통지	2001. 4. 30.
국무원의 주택공적금 관리의 진일보 강화에 관한 통지	2002. 5. 13.
국무원판공청의 각 유형 개발구 정리정돈의 건설용지 관리 강화에 관한 통지	2003. 7. 30.
국무원 부동산시장의 지속 건강한 발전 촉진에 관한통지	2003..8. 12.
국무원의 업무역량 강화를 통한 토지시장질서의 진일보 정리정돈에 관한 긴급통지	2003. 11. 3.
국무원 판공청의 토지시장 정리정돈과 엄격한 토지관리의 심도 있는 전개에 관한 긴급통지	2004. 4. 29.
국무원의 토지시장의 엄격한 관리의 심도 있는 개혁에 관한 결정	2004. 10. 21.
국무원 판공청의 주택가격의 효과적인 안정에 관한 통지	2005. 3. 26.
건설부 등 부문의 주택가격 안정업무 실현에 관한 의견통지의 국무원 판공청의 전달 발표	2005. 4. 30.
주택공급 구조조정과 주택가격 안정 의견에 관한 통지의 국무원 판공청의 전달 발표	2006. 5. 24.
국무원 판공청의 국가토지감독제도 구축 관련문제에 관한 통지	2006. 7. 13.
국무원의 토지조정 강화 관련 문제에 관한 통지	2006. 8. 31.
국무원 판공청의 국유토지사용권 출양 수입지출 관련규범에 관한 통지	2006. 12. 17.
국무원의 도시 저소득가정 주택문제 해결에 관한 약간의 의견	2007. 8. 7.
국무원 판공청의 농촌집체건설용지 법률과 정책의 엄격한 집행에 관한 통지	2007. 12. 31.
국무원의 토지의 절약적 사용촉진에 관한 통지	2008. 1. 3.
국무원 판공청의 부동산시장의 건강한 발전촉진에 관한 약간의 의견	2008. 12. 20.
국무원 판공청의 부동산시장의 안정적이고 건강한 발전 촉진에 관한 통지	2010. 1. 7.
국무원의 일부도시 주택가격의 지나치게 빠른 상승의 단호한 억제에 관한 통지	2010. 4. 17.

모든 해에 있어서 부동산정책의 주요 목표는 주택가격 안정, 투기성 및 투자성 수요억제, 보통상품주택의 공급증가 등이었고, 정책수단으로는 토지, 세수, 금융, 행정개입 등이 있었다. 주택가격이 급등함에 따라서 부동산시장 조정에 대한 중국 정부의 노력은 지속적으로 진행되었고 점차 목표대상을 뚜렷이 하는 경향이 나타났다. 그리고 다양한 정책수단과 함께 차별화된 정책들이 다수 발표되었다.

11차 시기에 발표된 조정정책의 특징은 다음과 같다. 첫째, 조정의 중점이 토지시장 단일에서 주택시장과 토지시장으로 분화되었다. 둘째, 조정대상이 공급관리에서 수요관리 위주로 전환되었다. 셋째, 조정방식이 단일적인 방식에서 종합적인 방식으로 발전하였다. 넷째, 시장 전체에 대한 조정에서 시장구조에 대한 조정으로 바뀌었다. 다섯째, 부동산시장에 대한 조정이 국민경제의 과도한 냉각 혹은 과열을 방지하기 위한 수단에서 부동산시장 자체에 대한 직접적인 조정으로 전환되었다. 여섯째, 부동산에 대한 인식이 산업경제에서 민생으로 전환되었다.

(나) 주택보장에 대한 정책역량 확대

11차 시기에 있어 주택보장제도는 중대한 돌파구를 마련했다. 「국무원의 도시 저소득가정 주거문제해결에 관한 몇 가지 의견」(2007년)으로 대표되는 정책은 주택보장제도의 구축을 촉진하였다. 2007년을 전후하여 발표된 '염가임대주택 보장방법'과 '경제적용주택 관리방법'은 염가임대주택의 혜택대상의 범위를 확대하였고, 경제적용주택 정책집행에 있어서 나타났던 문제점들의 해결에 대한 규범을 마련하였다.

보장성 주택의 건설속도가 크게 제고되면서 11차 시기에 1,500만 호에 달하는 도시저소득 가정과 중하등 소득가정의 주거곤란 문제가 해결되었다. 염가임대주택을 예로 들면, 2005년 이전의 경우 누적으로 32만 9천 호의 최저소득 계층의 주거문제가 해결되었던 것에 비해, 2009년에는 177만 3천 호의 염가임대주택이 완성되어 제공되었다. 11

차 시기에 중앙정부의 보장성 주택에 대한 투자액은 1,336억 위안에 달했다. 2005년 이전까지의 누적수치가 47억 7천만 위안이었던 것과 비교하여 볼 때, 이는 이 시기에 보장성 주택에 대한 중국 정부의 투자가 크게 증가했음을 말해주고 있다.

(3) 공급규모의 지속적 확대, 증가율은 완만

(가) 부동산 투자 규모 증가, 그러나 증가 폭은 감소, 주택투자의 부동산 투자에서의 비중 증가

11차 시기 부동산 투자 누적액은 16조 위안에 달하여 10차 시기에 비해 10조 7천억 위안 증가하였다. 연 투자액은 2006년의 1조 9,423억 위안에서 2010년 4조 8,267억 위안으로 크게 증가하여 연평균 3조 2,085억 위안의 부동산 투자가 이루어졌다. 이는 10차 시기의 연평균 투자액의 3배에 해당하며, 9차 시기 후반 3년의 7.6배에 해당한다. 11차, 10차, 9차 시기 후반 3년의 부동산 투자 연평균 증가율은 각각 24.9%, 26.1%, 16.2%(표 2)였다. 그러나 부동산 투자의 도시고정자산투자에서의 비중은 다소 감소하였다. 부동산 투자의 도시고정자산투자에 있어서의 비중은 11차 누적이 10차보다 1.5%p 하락하였다. 이는 11차 시기의 도시건설에 있어서 다른 영역의 투자증가가 빠르게 이루어졌음을 의미한다.

주택투자의 부동산 투자에 있어서의 비중은 증가했다. 11차 시기 주택투자 누적액은 11조 4천억 위안으로 10차 시기에 비해 7조 8천억 위안 증가하였다. 2010년의 주택투자는 3조 4,038억 위안으로 2006년도의 2.5배에 달하였다. 11차 시기의 연평균 주택투자액은 2조 2,747억 위안으로 10차 시기와 9차 후반기 3년과 비교하여 3.2배와 8.5배 증가하였다. 11차, 10차, 9차 시기 후반 3년의 주택투자 연평균 증가율은 25.7%, 26.8%, 29.1%에 달했다. 주택투자의 부동산 투자에 있어서의 비중은 11차 누적합계가 10차 시기와 9차 후반 3년과 비교하여 각각 3.6%p와

[표 2] 1998~2010년 부동산 투자 상황

(단위: 억 위안, %)

연 도	도시고정 자산투자	부동산 투자	#주택 투자	도시고정 자산투자 증가율	부동산 투자 증가율	#주택 투자 증가율	부동산 투자의 고정자산투자에서의 비중	주택투자의 부동산 투자에서의 비중
1998	22,491	3,614	2,082	17.2	13.7	35.3	16.1	57.6
1999	23,732	4,103	2,638	5.5	13.5	26.7	17.3	64.3
2000	26,222	4,984	3,312	10.5	21.5	25.5	19.0	66.5
9차 시기 후반 3년 합계	72,445	12,701	8,032	-	-	-	17.5	63.2
9차 시기 후반3년 평균	24,148	4,234	2,677	11.0	16.2	29.1	-	-
2001	30,001	6,344	4,217	14.4	27.3	27.3	21.1	66.5
2002	35,489	7,791	5,228	18.3	22.8	24.0	22.0	67.1
2003	45,812	10,154	6,777	29.1	30.3	29.6	22.2	66.7
2004	59,028	13,158	8,837	28.8	29.6	30.4	22.3	67.2
2005	75,095	15,909	10,861	27.2	20.9	22.9	21.2	68.3
10차 시기 누적	245,425	53,356	35,920	-	-	-	21.7	67.3
10차 시기 평균	49,085	10,671	7,184	23.4	26.1	26.8	-	-
2006	93,369	19,423	13,638	24.3	22.1	25.6	20.8	70.2
2007	117,465	25,289	18,005	25.8	30.2	32.0	21.5	71.2
2008	148,738	31,203	22,441	26.6	23.4	24.6	21.0	71.9
2009	193,920	36,242	25,614	30.4	16.2	14.1	18.7	70.7
2010	241,415	48,267	34,038	24.5	33.2	32.9	20.0	70.5
11차 시기 누적	794,907	160,424	113,736	-	-	-	20.2	70.9
11차 시기 평균	158,981	32,085	22,747	26.3	24.9	25.7	-	-

#은 '그 중에서'의 의미. 즉 부동산 투자 다음의 #주택투자는 '부동산 투자 중에서 주택투자'의 의미

7.7%p 증가하였다. 주택투자가 증가한 주요 원인은 11차 시기 주택시장의 수급불균형과 주택가격의 빠른 상승이 부동산 개발기업의 주택투자를 촉진시켰기 때문이다.

11차 시기 후반기에 들어서 90㎡ 이하의 보통상품주택에 대한 투자가 증가하였다. 또한 90㎡ 이하 보통상품주택의 전체 주택투자에서의 비중도 점차 증가하는 추세를 보여, 2007년의 23.3%에서 2010년 31.3%으로 8%p 증가하였다. 그러나 보장적 성격을 띠는 경제적용주택의 전체 주택투자에서의 비중은 점차 감소하는 추세를 보여 비중은 2006년의 5.1%에서 2010년에는 3.1%로 감소하였고, 투자증가율은 2006년도의 32.2%에서 2010년 -5.9%로 크게 하락하였다(표 3).

보통상품주택투자의 비중이 상승한 주요 원인은 11차 시기에 이루어졌던 부동산시장에 대한 상품공급구조에 관한 정책 — 예를 들어 '70/90 정책'3) — 으로 인해 (비록 이들 정책에 대해서 지방정부와 부동산 개발회사들의 적극적 참여도는 떨어졌지만) 중소형 주택의 공급증가가 분명히 눈에 띄게 이루어졌기 때문이다.

[표 3] 2006~2010년 각 유형 주택투자 상황

(단위: %)

연도	각 유형주택의 주택투자에서의 비중				각 유형주택의 투자증가율			
	90㎡ 이하 주택	140㎡ 이상 주택	경제적용 주택	빌라, 고급주택	90㎡ 이하 주택	140㎡ 이상 주택	경제적용 주택	빌라, 고급주택
2006	-	-	5.1	10.5	-	-	32.2	-
2007	23.3	-	4.6	10.4	-	-	19.7	30.2
2008	29.1	16.9	4.5	8.9	50.7	-	19.7	9.4
2009	32.6	20.2	4.4	8.1	24.1	20.0	17.3	2.0
2010	31.3	19.4	3.1	8.3	27.4	30.7	-5.9	45.2

출처: 『2006~2010년 부동산통계쾌보』

3) 주택을 개발할 때 건축면적의 70%를 90㎡ 이하의 주택으로 개발해야 한다는 정책

(나) 부동산 개발속도의 둔화, 개발자금구조의 합리화

11차 시기에는 토지구매면적의 증가율이 둔화되었다. 5년 동안의 토지구매면적 누적합계는 18억 9천만㎡로 10차 시기와 비교하여 단지 2억㎡ 증가하였고, 연평균 증가면적은 4천만㎡에 불과하면서 전년동기대비 증가율이 점차 둔화되는 추세를 보였다. 11차 시기에 있어서 토지개발면적 증가율 역시 상대적으로 둔화된 모습을 보였다. 11차 시기의 누적면적은 12억 8천만㎡로 10차 시기보다 2억 9천만㎡ 증가하였고, 연평균 증가면적은 약 5,800만㎡로, 전년동기대비 증가율이 하락하는 추세를 보였다(그림 2). 이러한 토지구매면적과 토지개발면적 증가율의 둔화는 빠른 주택가격 상승(2008년 제외)과 부조화를 이루어 11차 시기 내내 토지공급의 부족현상을 유발하여 부동산 개발기업으로 하여금 주택소비가 왕성한 시기에 더 높은 가격상승을 기대하기 위해 오히려 개발진도를 늦추는 계기를 제공함으로써 주택시장의 유효공급능력을 저하시켰다.

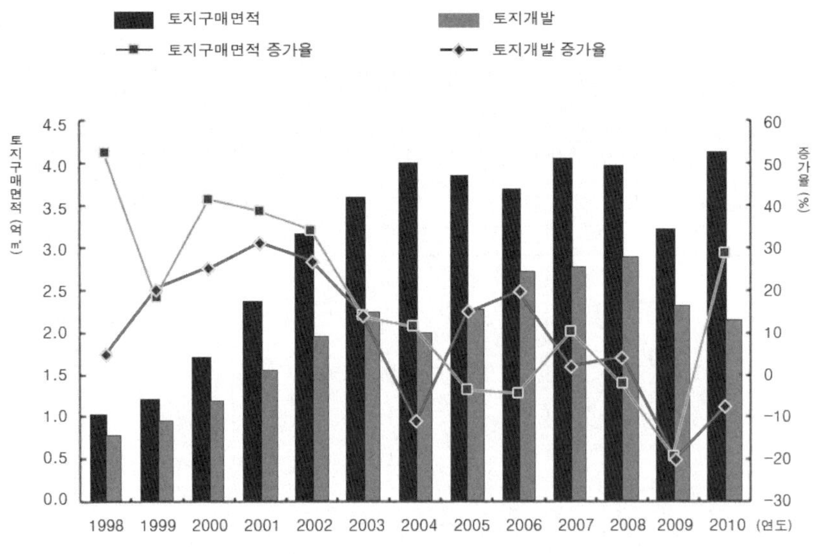

〈그림 2〉 1998~2010년 토지구매, 토지개발 증가율 현황

11차 시기에 건축물의 건축면적 준공률은 2006년의 28.7%에서 2010년의 18.7%로 10%p 하락하였고, 5년의 기간 동안 준공률이 감소하는 추세가 계속하여 나타내면서 모든 연도에 있어서 10차 기간의 건축물 건축면적 준공률보다 낮은 수준을 보였다. 이는 이 기간 동안 시공면적의 증가율의 경우 비교적 빠른 성장을 보인 것에 반해 준공면적 증가율은 둔화되었으며, 이로 인해 부동산 개발기업들의 개발속도가 둔화되었으며, 따라서 주택공급의 속도도 둔화되었던 현상을 설명하고 있다(그림 3).

11차 시기에는 경제변동의 원인으로 경기진정을 위한 수단으로 부동산정책과 단기적 조치들이 비교적 많이 발표되었다. 수요가 왕성한 상황에서 부동산 개발기업들은 개발속도를 늦추거나 주택을 매점함으로써 주택가격이 더욱 상승하기 기다리는 행태를 취했고 이로 인해 시장에서의 유효공급능력이 더욱 저하되었다.

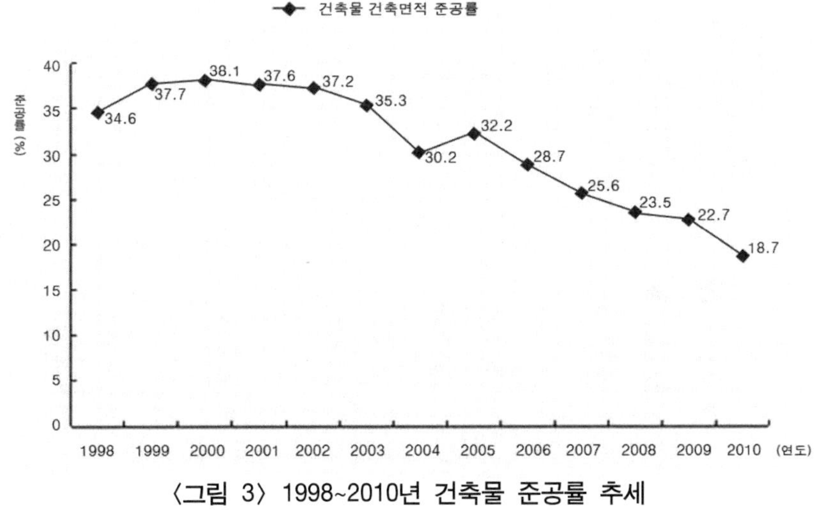

〈그림 3〉 1998~2010년 건축물 준공률 추세

부동산 개발기업들의 개발자금은 합리화되는 경향을 나타내었다. 11차 시기 부동산 개발자금 중에서 국내대출이 차지하는 비중은 모든 연도에 있어서 20% 이하로 전체적으로 감소하는 추세를 보였다. 이 기간의 누적된 비중은 10차 시기와 9차의 후반 3년 시기와 비교하여 각각 1.7%p와 4.6%p 감소하였다. 11차 시기의 부동산 개발자금에 있어서 기업 자기조달자금 비중은 10차 시기와 9차 후반 3년 시기와 비교하여 각각 4.1%p와 7.2%p 증가하였다. 특히 2008년의 경우 금융위기의 영향으로 인해 자기조달자금의 비중이 38.6%까지 확대되어 1998년 이래 가장 높은 수치를 기록했다. 그에 비해 기타자금의 경우 2008년 비중이 40.3%까지 떨어져 1998년 이래 가장 낮은 수치를 보였다. 11차 시기 기타자금의 비중은 10차 시기와 비교하여 2.2%p 감소하였고, 9차의 후반 3년 시기와 비교하여서는 1.7% 증가하였다(그림 4).

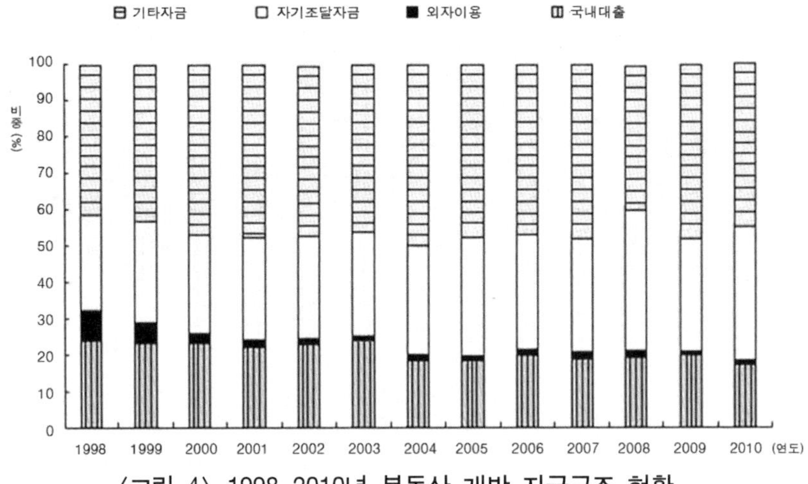

〈그림 4〉 1998~2010년 부동산 개발 자금구조 현황

(4) 상품건물시장에서의 수급불균형

(가) 판매면적 대비 준공률의 하락 추세

1998~2004년의 기간 동안 상품건물의 준공면적은 판매면적보다 컸지만, 판매면적 대비 준공면적 비율은 계속하여 하락하는 추세를 보였다. 구체적으로는 1998년 1.44에서 2004년 1.11로 하락하였다.

2005~2010년의 기간 동안 상품건물 판매면적 대비 준공률은 단지 2008년에 1을 초과하여 1.01을 기록한 것을 제외하고는 모든 연도에 있어서 모두 1보다 낮은 수치를 기록하면서 하향추세를 보였고 2010년에 가장 낮은 0.73을 기록했다(그림 5). 2005~2009년 주택준공수량은 2,258만 채였고 같은 기간 주택판매수량은 2,914만 채로 두 수치 간의 차이가 -656만 채에 달한다. 이는 2009년 한 해 동안의 준공수량인 555만 채보다 약 101만 채가 더 많은 것이다(표 4). 이는 11차 시기에 있어서 시장수급이 불균형했음을 보여주고 있다.

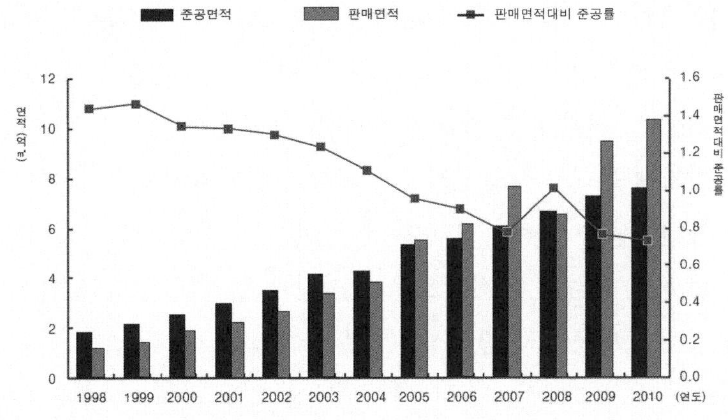

〈그림 5〉 1998~2010년 준공면적, 판매면적 및 판매면적대비 준공률 추세

[표 4] 2005-2009년 상품주택 준공 및 판매상황

연 도	주택준공			주택판매		
	합 계	#빌라 고급주택	경제적용 주택	합 계	#빌라 고급주택	경제적용 주 택
2005	3,682,523	135,276	287,311	4,235,372	152,339	295,302
2006	4,005,305	139,632	338,040	5,049,094	219,982	338,314
2007	4,401,203	159,423	356,580	6,251,263	257,776	356,021
2008	4,939,189	144,618	353,782	5,565,827	157,455	396,111
2009	5,548,897	143,621	398,441	8,040,470	240,129	347,840
연도합계	22,577,117	722,570	1,734,154	29,142,026	1,027,681	1,733,588

(나) 준공면적 증가율이 판매면적 증가율에 못 미침

1999년과 2008년을 제외하고, 1998~2010년 준공면적의 증가율은 줄곧 판매면적 증가율에 미치지 못했다. 9차의 후반 3년 시기와 10차 시기(2004년 2.4% 제외) 동안 준공면적 증가율은 지속적으로 두 자리 수의 추세를 보였다. 그러나 20%를 넘었던 연도는 단지 2개 연도에 불과했다. 11차 시기에 들어서는 준공면적 증가율은 모두 한 자리 수의 증가율을 보였다. 그러나 판매면적 증가율은 2008년에 -14.7%를 보인 것을 제외하고는 모든 해에서 두 자리 수의 증가율을 보였고 또한 20%를 넘었던 해가 6개 연도에 달했다(그림 6).

11차 시기에 들어서 부동산시장에 대한 조정이 빈번하게 이루어졌다. 부동산 개발기업은 정책환경 변화에 근거하여 공급량 조절을 하였고, 정책이 발표될 때마다 단기적으로는 시장에 일정한 영향을 발휘했기 때문에 정책의 변동성과 단기성은 부동산기업의 시장공급능력을 일정 정도 감소시켰다. 그에 반해 주택구매자들에 대한 금융적 지원은 주택소비를 촉진시켰다. 2010년을 제외하고는 11차 시기의 대부분의 연도에 있어서 최초납입금 비율이 20~30% 사이로 대체적으로 소비자가 감당할 수 있는 수준이었고, 한 가구에 대한 복수주택구매 제한 등 행정적 제약도 없었기 때문에 주택소비수요의 분출이 촉진될 수 있었다.

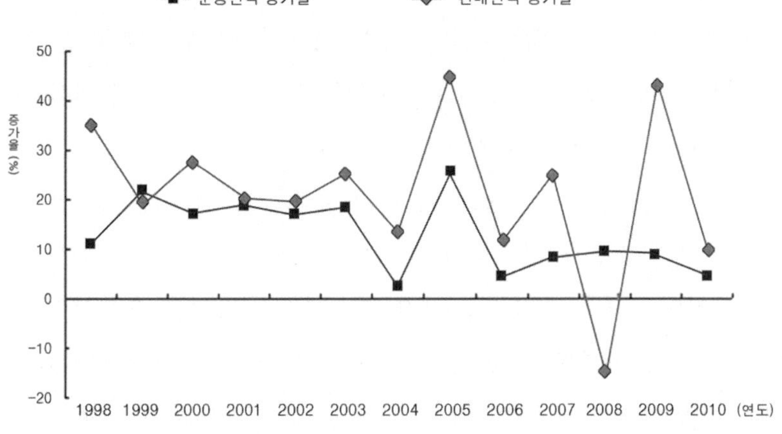

〈그림 6〉 1998-2010년 준공면적, 판매면적 전년대비 증가율 추세

2) 2010년 부동산시장 발전 현황

2010년의 중국 부동산시장은 (일부 도시들에 대한) 주택가격 상승 억제와 투기 및 투자수요를 방지하기 위한 사상 유례 없는 강력한 조정정책이 취해졌다. 1년 내에 3차례의 강력한 조정정책이 발표되었고 이러한 정책들은 일단은 목표했던 정책효과를 발휘한 것으로 보인다. 2010년 중국 부동산시장의 특징은 크게 '5가지의 하락(五降)'과 '4가지 상승(四升)'으로 표현할 수 있다. 즉 주택가격 상승률이 하락하였고, 상품건물과 상품주택 판매면적 증가율이 감소했으며, 토지개발면적 증가율이 감소하였고, 준공면적 증가율이 둔화되었다. 또한 부동산 개발자금의 증가율도 둔화되었다. 이에 반해 보장성 주택의 건설이 크게 확대되었고, 부동산 투자가 크게 증가하였으며, 토지구매면적과 신규착공면적이 빠른 증가를 보였다.

(1) 조정정책의 종합성과 목표성 강화

2010년 중국 부동산시장에서 이루어진 조정은 다른 해와 비교하여 조정정책이 종합적이고 목표성이 상대적으로 강해졌다는 특징을 가지고 있다. 그 주요한 내용으로는 첫째, 불합리한 수요에 대한 억제가 매우 엄격하게 이루어졌다. 이는 차별화된 금융 세수정책상에서 나타났을 뿐 아니라 중앙정부의 지방정부에 대한 행정평가에서 부동산 조정정책 집행실적을 평가항목으로 도입함으로써 지방정부의 중앙정부 조정정책에 대한 협조를 유도하였다. 둘째, 지방정부에게 일정한 권한과 압력을 부여하였다. 중앙정부는 각 지방정부로 하여금 중앙정부가 내놓은 조정정책의 실현에 부합하는 구체적 실시규정을 제정하도록 요구하였다. 이에 대표적인 것이 바로 2010년 16개 지방정부가 각각 발표한 '주택구매제한령'이다. 셋째, 토지공급단계에서부터 시작하여 보장성 주택의 유효공급을 증가시키기 위해 노력하였다. 예를 들어 보장성 주택, 천막촌 개량주택과 실거주용 중소형 주택용지의 공급량이 주택건설용지 총 공급량의 70% 이하가 되어서는 안 된다고 규정하였다. 넷째 부동산시장의 조정정책에 대한 반응과 시장변화에 근거하여 적절한 시점에 관련 정책을 내놓았다. 예를 들어 2010년 4월 발표한 '국10조'는 당시의 주택가격의 급등으로 인해 야기되었던 '사회적 공황'상태를 겨냥한 것이었고, 9월에 발표된 차별화된 금융정책은 단지 '국10조'를 구체화한 것이 아니라, '국10조'로 인해 나타났던 정책효과를 공고히 하기 위함이었다.

조정정책의 또 다른 측면에서의 표현은 보장성 주택 건설이 크게 증가하는 것으로 나타났다. 2010년 보장성 주택은 '비약적인 발전을 했다(突飛猛進)'라는 말로 형용할 수 있다. 전국적으로 590만 채의 보장성 주택과 천막촌 개량주택의 실질건설이 이루어졌고, 이 중 370만 채가 기본적으로 완성되었다. 이와 같은 규모와 속도는 전에는 없었던 것이었다. 2010년에는 그 외에도 공공임대주택이 보장성 주택의 유형에 새로이 제시되어 보장성 주택의 종류가 다양해졌고, 이로 인해 저소득계층의 주거곤란 해결에 유리한 환경이 조성되었다.

(2) 주택가격 상승 폭 하락

2010년 전국 상품건물판매 평균가격은 5,029위안/㎡으로 전년대비 7.4% 상승했으나, 2009년과 비교해서는 상승 폭이 15.8%p 하락했다. 그 중 상품주택 평균가격이 4,724위안/㎡으로 전년대비 5.9% 상승하였으나, 2009년과 비교해서는 상승 폭이 18.8%p 하락했다. 상품건물 가격이 5,000위안/㎡을 돌파했으나, 상승 폭은 눈에 띄게 둔화되었다는 것은 2010년 중국 정부의 부동산시장에 대한 조정정책이 효과를 발휘했음을 의미한다.

전국 70개 중대형 도시의 주택판매가격 수치에 의하면, 신규주택과 기존주택의 전월대비 가격지수가 모두 '국10조'의 영향을 받은 것으로 나타나고 있다. 단지 다른 것은 기존주택이 신규주택에 비해 선행하여 그리고 좀 더 강력하게 조정을 받았다는 것이다. 즉 기존주택의 경우 5~7월 사이 3달 동안의 전월대비 가격지수가 모두 마이너스 상승을 하였던 것에 비해, 신규주택의 경우 6~8월 사이에 '제로' 상승을 기록했다(그림 7).

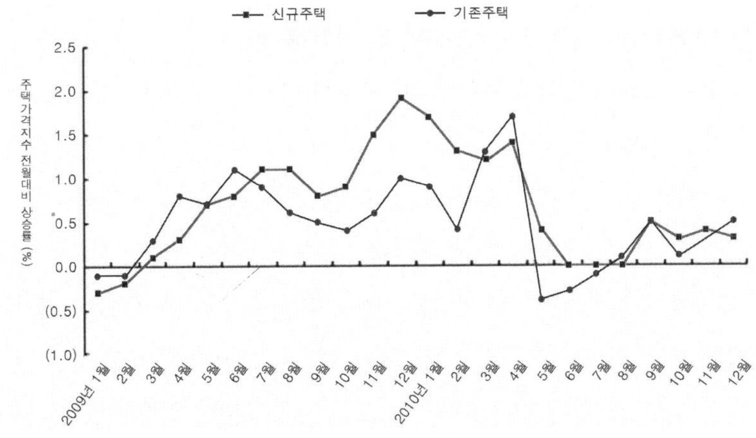

〈그림 7〉 2009~2010년 70개 중대형 도시 주택판매가격 전월대비 추세

2010년 신규주택의 가격지수는 전년동기대비로 보았을 때 기존주택 가격지수보다 높게 나타났다. 5~9월 사이 두 주택유형의 가격지수의 차이는 5%를 초과했던 것으로 나타났다. 이는 중국 부동산시장에서 전체 주택가격의 높고 낮은 수준을 결정하는 주요 요인이 여전히 신규 주택임을 의미한다(그림 8).

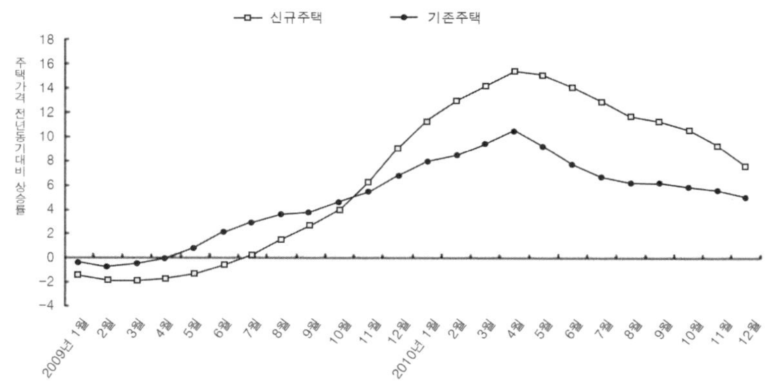

〈그림 8〉 2009~2010년 70개 중대형 도시 주택판매가격 전년동기대비 추세

(3) 상품건물, 상품주택 판매면적 증가율 하락

2010년 상품건물 판매면적은 10억 4천만㎡로 전년대비 10.1% 증가했다. 그 중 상품주택 판매면적은 9억 3천만㎡로, 전년대비 8.0% 증가하였다. 월별 수치로 보면, 2010년 3~12월 사이의 상품건물과 상품주택 판매면적 전년동기대비 증가 추세는 2009년과 비교적 큰 차이를 보였다. 조정정책의 영향을 받아 상품건물과 상품주택 판매면적 증가율은 5~8월 사이에 모두 마이너스 증가를 기록했다. 판매면적의 감소는 2010년 중국 정부의 부동산정책이 불합리한 수요를 억제하는 데 명확한 효과를 보였음을 증명한다. 비록 9월 이후에 상품건물과 상품주택 판매면적 증가율이 12~18% 사이의 높은 수준을 다시 보였지만 이는 2009년의 동기와 비교하여 크게 낮은 수치였다(그림 9).

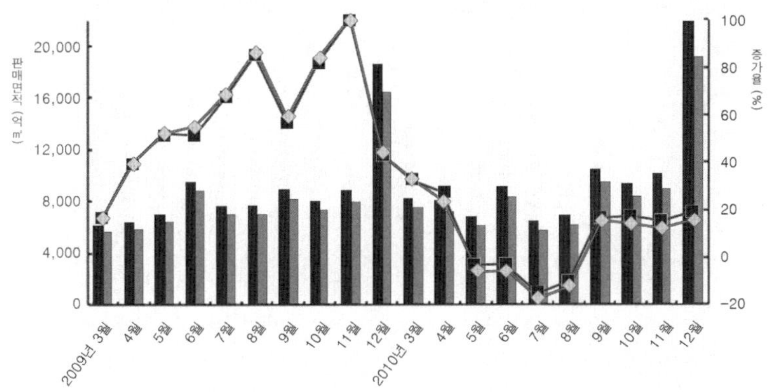

〈그림 9〉 2009년과 2010년 상품건물 상품주택 판매면적과 전년동기대비 증가율 월별 추세

(4) 부동산 투자 증가율 증가

2010년 부동산 개발투자액은 4조 8,267억 위안으로 전년대비 33.2% 증가했다. 그 중 주택투자는 3조 4,038억 위안으로 전년대비 32.9% 증가했다. 또한 주택투자의 부동산 개발투자에서의 비중은 70.5%를 차지했다. 월별 수치로 보면 2010년 12월을 제외한 1~11월 사이의 부동산 개발투자와 주택투자 증가율은 각각 33%와 31% 이상으로 기본적으로 모두 2009년 동기보다 높은 수준을 기록했다(그림 10). 부동산 투자가 빠른 증가를 보인 주요한 이유는 부동산 개발기업의 부동산시장 전망에 대한 예측이 여전히 좋았기 때문이다. 비록 '국10조'와 9월에 강력한 금융정책이 발표되긴 했지만, 매번 조정정책이 발표된 3~4개월 이후 시장이 다시 반등하는 모습을 보였기 때문에 부동산 개발기업들의 시장에 대한 예측은 여전히 양호하였다.

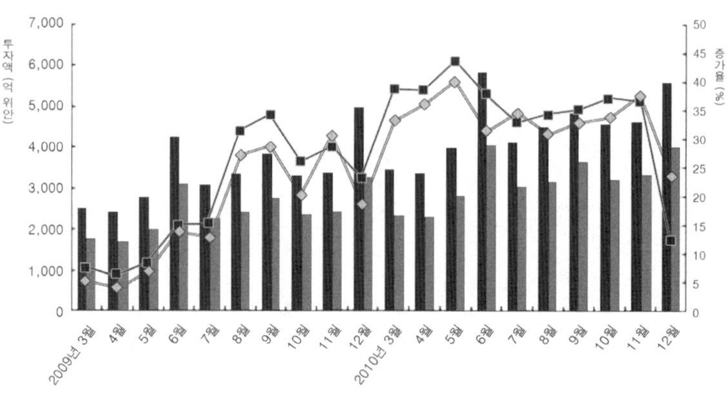

〈그림 10〉 2009년과 2010년 부동산 개발투자, 주택투자 및 증가율 월별 추세

(5) 토지구매면적 증가율 비교적 빠름, 토지개발면적 증가율 하락

2010년 부동산 개발기업의 기성토지구매면적은 4억 1천만㎡로 전년대비 28.4% 증가했고, 토지개발면적은 2억 1천만㎡로 전년대비 -7.7% 증가했다. 월별수치로 보면 2010년 3~12월 사이의 토지구매면적 증가율이 비교적 빠른 증가를 보여, 7개 월별에 있어서 20~54%의 높은 증가율 수준을 보이면서, 많은 달들이 2009년 각 동기에 비해서 빠른 증가를 보였다. 그러나 같은 기간 토지개발면적은 전년동기대비 증가율이 비교적 둔화되어, 4~6월 사이에 12.3~19.9%의 증가율을 보인 것을 제외하고 3개 월별에서 마이너스 증가율을 기록하는 등 2009년에 비해서 수치 추세의 변동 폭이 커졌음을 알 수 있다(그림 11). 토지구매면적과 토지개발면적의 증가율은 대략 향후 2~3년 뒤의 상품건물 공급에 일정한 영향을 끼치게 된다. 토지구매면적의 증가율이 상승한 주요 원인은 부동산 개발기업들의 자금이 충분했고 시장에 대한 양호한 예측을 가지고 있었기 때문이다.

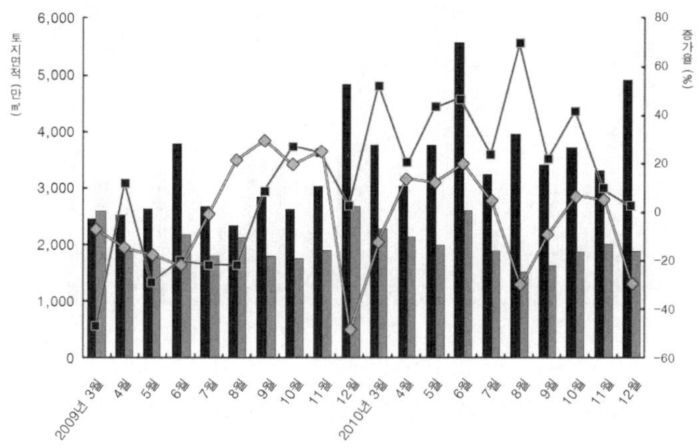

〈그림 11〉 2009년과 2010년 토지구매, 토지개발 및 증가율 월별 추세

(6) 신규착공면적 증가율의 빠른 증가, 준공면적 증가율의 하락

2010년 건축물 신규착공면적은 16억 4천만㎡로 전년대비 40.7% 증가했고 그 중 주택의 신규착공면적은 12억 9천만㎡로 전년대비 38.8% 증가했다. 건축물 준공면적은 7억 6천만㎡로 전년대비 4.5% 증가했고, 주택준공면적은 6억 1천만㎡로 전년대비 2.7% 증가했다. 월별 수치로 보면, 2010년 3~12월 사이 신규착공면적과 준공면적 증가율은 모두 비교적 큰 변동 추세를 나타냈다. 신규착공면적은 전체적으로 전년동기 대비 3~10월 사이에는 44% 이상의 비교적 높은 증가율을 기록했다. 특히 그 중 5월의 경우 증가율이 101.9%에 달했다. 준공면적 증가율은 2010년 신규착공면적 증가율보다 낮은 수준을 보였을 뿐 아니라 2009년 준공면적 증가율에 비해서도 낮은 수준을 보였기 때문에 주택공급 측면에 커다란 압력을 주게 되었다(그림 12). 신규착공면적의 빠른 증가는 부동산 개발기업들의 향후 시장에 대한 신뢰가 양호했음을 반증하고 있다.

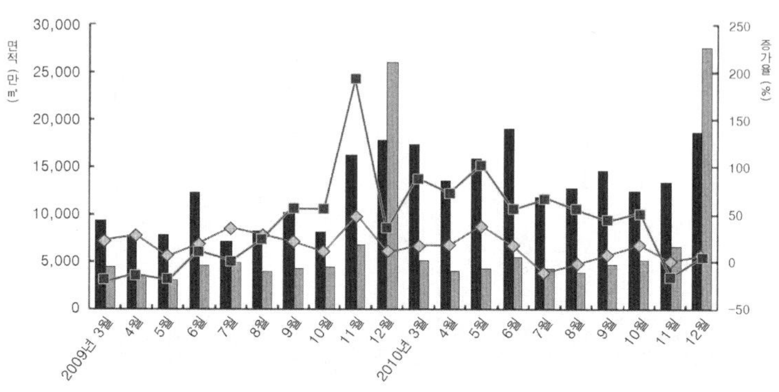

〈그림 12〉 2009년과 2010년 신규착공면적, 준공면적 및 증가율 월별 추세

(7) 부동산 개발자금 증가율의 하락

2010년 부동산 개발자금은 7조 2,494억 위안으로 전년대비 25.4% 증가하였으나, 그 증가 폭은 2009년에 비해서 20.5%p 하락했다. 그 중 국내대출이 1조 2,540억 위안으로 전년대비 10.3% 증가했으나, 증가 폭은 39%p 하락했고, 외자이용은 796억 위안으로 66% 증가했다. 자기조달자금은 2조 6,705억 위안으로 48.8% 증가했으며, 기타자금은 3조 2,454억 위안으로 15.9% 증가했다. 기타자금 중 계약금과 선수금이 1조 9,020억 위안으로 17.3% 증가했고 개인주택 담보대출이 9,211억 위안으로 7.6% 증가했다. 월별 수치로 보면, 전체적으로 자금증가율은 2009년의 수준을 크게 못 미쳤다. 조정정책의 영향으로 인해 2010년 3~12월 부동산 개발자금 전년동기대비 증가율은 3월, 4월, 5월을 제외하고는 모두 2009년 동기의 수준보다 크게 낮았다. 그 중 국내대출은 조정정책의 영향을 가장 크게 받아 6월 이후 증가율이 모두 2009년 동기보다 낮았던 것으로 나타났다. 같은 기간 자기조달자금의 증가율은 모두 2009년 동기보다 높은 수준을 보이면서 36% 이상의 수준에서 움직였다. 그러나 기타자금 중 계약금과 선수금 그리고 개인주택 담보대출의 경우 조정정책의 영향을 크게 받아 6월 이후 증가율이 모두

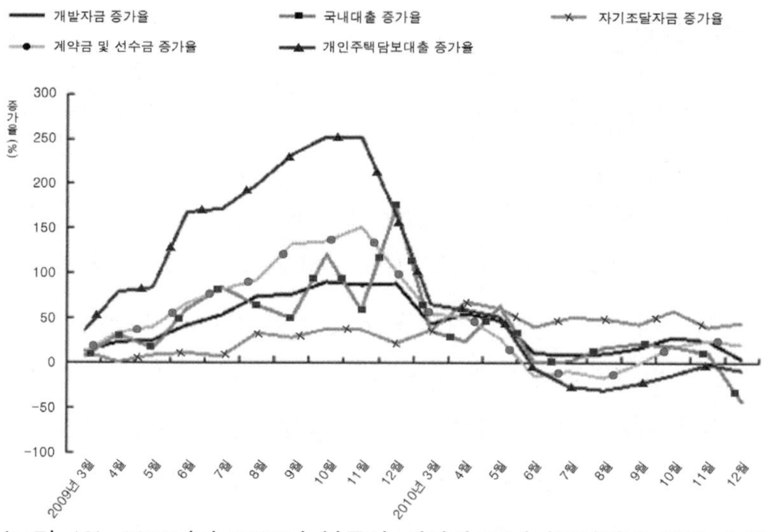

〈그림 13〉 2009년과 2010년 부동산 개발자금 전년동기대비 월별 추세

2009년 동기보다 낮은 수준을 보였다(그림 13). 부동산 개발자금 증가율의 하락은 2011년 더 엄격해진 조정정책하의 부동산시장에 직면하여 부동산 개발기업들에게 커다란 시험대가 될 것이다.

2. 11차 시기 중국 부동산시장의 발전과 주요 문제

11차 시기 중국 부동산시장은 매우 빠른 성장을 보였다. 부동산시장의 빠른 발전은 사회의 주택보유량을 크게 증가시켜 시장의 일부 수요를 유효하게 해결하였고, 도시주민의 주거환경을 크게 개선하였다. 또한 경제발전을 추진하였고 지방정부의 재정수입에 막대한 도움을 주었다. 그리고 도시화의 추진과 도시발전을 촉진하는 작용을 하였다.

1) 주요 성과

(1) 주민 주거환경의 제고

(가) 주택공급의 증가

11차 시기 부동산시장의 건축물 개발준공면적은 33억 2천만㎡에 이르며, 그 중 주택준공면적은 27억㎡에 이른다. 이는 10차 시기와 비교하여 각각 13억㎡와 10억 5천만㎡ 증가한 것이다. 부동산 개발기업이 준공한 주택면적이 도시신규주택에서 차지하는 비중은 2005년의 66.4%에서 2009년의 72.6%로 6.2%p 상승했다. 11차 시기의 전반 4년 동안 부동산 개발기업이 준공한 주택은 총 1,889만 채로 연평균 472.4만 채에 달하여, 10차 시기의 연평균보다 약 156.6만 채 증가했다. 또한 준공주택의 건축면적은 111㎡/채로 10차 시기에 비해 약 5㎡ 증가하여 주택공급이 명확하게 증가했다.

(나) 주거환경의 개선

11차 시기에 들어 도시주민의 주거환경과 주택편의시설은 모두 크게 개선되었다. 2009년 말, 도시주민 1인당 주택건축면적은 약 30㎡에 달했다. 이는 2005년에 비해 약 4㎡ 증가한 것이다(표 1). 2010년 말, 도시주민가정의 주택자가보유율은 89.3%에 달했다. 그 중 11.2%의 도시주민가정이 주택개량 이전의 사유주택을 보유하였고, 40.1%가 주택개량 이후의 사유주택을 보유하였으며, 38%가 상품건물을 보유한 것으로 나타났다. 독채주택과 방 4개 주택 그리고 방 3개 주택을 보유한 도시주민의 비율은 각각 4.5%, 4.3% 그리고 32.7%로 이 수치는 2005년과 비교하여 1.6%p, 0.3%p, 3.6%p 증가했다. 그리고 98.7%의 도시주민이 자가 수돗물 시설을 갖추었고, 95%의 주민가정이 주택 내에 화장실을 보유했다. 도시 주택단지의 녹화율은 2005년의 34.7%에서 2009년의 39.8%로 5.1%p 증가했으며, 동시에 주택의 건축품질과 설계의 합리성, 주거의 편리성 등에 있어서도 크게 개선되었다.

[표 1] 도시 신규주택 면적과 주민 주거 현황

연 도	도시 신규주택 면적 (억㎡)	부동산 개발 준공주택 면적 (억㎡)	도시주민 1인당 주택 건축 면적(㎡)
1978	0.38	-	6.7
1998	4.76	1.41	18.7
1999	5.59	1.76	19.4
2000	5.49	2.06	20.3
2001	5.75	2.46	20.8
2002	5.98	2.85	22.8
2003	5.50	3.38	23.7
2004	5.69	3.47	25.0
2005	6.61	4.39	26.1
2006	6.30	4.55	27.1
2007	6.88	4.98	-
2008	7.60	5.43	-
2009	8.21	5.96	30.0
2010	-	6.12	-

출처: 『중국통계연감(2010)』, 중국통계출판사, 2010년 9월

(2) 경제발전 촉진

(가) GDP에 대한 공헌율 상승

2009년 부동산업 총부가가치의 GDP에 대한 공헌율은 5.4%로 2005년에 비해 0.8%p 증가하였다. 2009년 부동산업은 경제성장을 1.2%p 유발하였고 이는 2005년에 비해 0.36%p 높아진 수치이다. 2010년 부동산투자의 GDP에서의 비중은 12.1%로 2005년에 비해 3.5%p 증가했다.

(나) 세수 재정의 주요 수입원

2010년 전국 세수수입 총액은 7조 3,202억 위안으로 전년대비 23% 증가하였다. 부동산업과 관련이 있는 세수수입으로 방산세수입이 894억 위안이었고, 도시토지사용세, 토지증치세, 경지점용세 등의 세수수입이 3,169억 위안이었으며, 계약세수입이 2,465억 위안으로 이들 부동산 관련 세수가 총 세수수입에서 차지하는 비중은 8.9%였다. 이는 2007년에 비해 2.9%p 높아진 것이었다. 2010년 전국 국토유지 유상출양수입

은 2조 9,397억 위안으로 전년대비 106.2% 증가하여 증가 폭이 2009년에 비해 62.9%p 높아졌다. 토지출양수입이 전국 재정수입에서 차지하는 비중은 35.4%로 2009년에 비해 14.6%p 증가하였다.

(다) 주택산업의 관련산업에 대한 유발효과가 명확

1994년 세계은행의 통계에 의하면 100억 달러의 주택건설투자는 170~220억 달러의 수요를 창출하여 유발계수가 1.7~2.2에 달하며, 100억 달러의 주택소비는 130~150억 달러의 기타상품소비를 유발하여 유발계수가 1.3~1.5에 이른다. 건설부가 2002년 조사한 바에 의하면 중국 도시주택건설의 유발계수는 1.7이며 농촌주택건설의 유발계수는 1.3~1.7인 것으로 나타났다. 2010년을 예로 들면, 전국 주택투자가 3조 4,038억 위안이었으며, 만약 1.7의 유발계수를 적용하여 계산하면 관련 산업에 대한 유발효과가 5조 7,865억 위안에 달하게 된다. 또한 전국 주택판매금액이 4조 3,953억 위안이었으므로, 1.3의 유발계수를 적용해 보면 유발되는 관련산업의 상품판매액은 5조 7,139억 위안이 된다. 주택산업은 상하로 약 50~60여 개의 산업과 연관을 맺고 있으므로 주택산업의 발전이 관련 산업의 발전에 유발시킴으로써 경제발전에 끼친 영향은 매우 크다고 할 수 있다.

(3) 취업 증가와 도시 발전 촉진

11차 시기에 중국 도시화율은 매년 0.9%p의 속도로 진행되었다. 부동산의 발전은 시장공급을 증대시켜 주거환경을 개선시켰을 뿐 아니라 동시에 대량의 취업기회를 제공하였다. 2009년 도시 부동산업의 취업 인구수는 191만 명으로 2005년에 비해서 44만 명 증가하였다. 부동산업과 밀접한 관련을 맺고 있는 건축업의 경우 2009년 취업인구수가 1,178만 명으로 2005년에 비해 251만 명 증가하였다.

부동산업의 빠른 발전은 도시발전에도 큰 기여를 하였다. 부동산업의 발전은 도시거주민의 주거환경을 개선했을 뿐 아니라, 도시공간을 확장하였고, 도시수준을 높였으며, 도시기능과 도시외관 그리고 투자 환경을 개선하였다.

(4) 부동산시장 관련제도의 점진적 완비

(가) 공개토지출양제도의 완비

2004년부터 경영성토지의 출양에 대하여 공개토지출양제도, 즉 입찰·경매·공시에 의한 토지출양제도가 시행된 이후, 중국 토지시장은 점차 '공개, 투명, 시장화, 경쟁'의 성격을 갖추어 왔다. 부동산시장의 빠른 발전은 토지에 대한 수요를 급속히 증대시켜, 11차 시기에는 최고 경매가 토지가 빈번하게 갱신되는 과열현상이 나타나면서 토지의 입찰·경매·공시제도의 개선과 완비가 2009년과 2010년 사이에 사회 각계의 주요 관심문제로 부각되었다. 이에 2010년 4월 베이징 정부는 토지출양에서 '종합평가제'를 실시하였다. 이는 되도록이면 토지출양에 있어서 입찰방식을 많이 사용하고, 입찰을 진행함에 있어서는 입찰자에 대한 평가항목에서 토지출양가격의 가중치를 감소시켰다. 동시에 토지가격 상한제를 실시하고 보장성 주택면적, 의무건설면적 등의 항목이 평가에 고려되어 입찰이 진행되어, 단순히 높은 가격을 제시하는 것과 같은 단일표준 방식이 배제되었다.

(나) 주택보장제도의 완비

2007년「국무원의 도시 저소득가정 주거문제 해결에 관한 약간의 의견」이 발표되면서, 주택보장제도의 건설과 발전이 본격적으로 촉진되었다. 같은 해에 '염가임대주택 보장방법'과 '경제적용주택 관리방법'이 차례로 발표되면서, 2004년 건설부 등에서 발표한 '도시 최저소득가정 염가임대주택 관리방법'과 2004년의 '경제적용주택 관리방법'을 대체하게 되었다. 2007년에 발표된 이 두 가지 '방법'은 2004년에 발표된 '방법'에 대한 개선과 완비였다.

'염가임대주택 보장방법'에서는 염가임대주택제도의 혜택을 받는 대상범위를 점진적으로 확대할 것과 다섯 가지의 자금루트(재정예산, 주택공적금 운영수익, 토지출양금 순수익의 10% 이상, 염가임대주택 임대수입, 사회기부)의 명시, 염가임대주택 건설용지의 우선 안배, 염가임대주택의 면적기준(50㎡ 이내), 반 년 동안 임대료 미납 시 퇴거 등에 대한 내용을 담고 있다.

'경제적용주택 관리방법'은 주로 경제적용주택 제도의 집행 중에 나타난 문제점들에 대한 규범을 명시하고 하고 있다. 그 주요 내용으로 경제적용주택의 상품적 특징을 줄이고 보장성 특성을 강화하며, 토지획득에서 행정획발을 통해 우선적으로 토지를 공급 등이 있다. 또한 주택 건축면적이 60㎡ 이내로 규정되며, 전매할 경우 정부가 우선 매수권을 가지게 되는 제한적 재산권 등에 관한 내용을 포함하고 있다.

2) 주요 문제

1998년 중국의 주택제도에 전면적인 개혁이 단행된 이래 전국 상품건물가격은 "전반기에는 비교적 안정적이다가 후반기에는 빠른 상승"의 과정을 겪었다. 1998년부터 2003년까지의 상품건물 평균가격은 2,063위안/㎡에서 2,359위안/㎡으로 2.7% 상승에 불과했지만, 2003년부터 2010년까지는 2,359위안/㎡에서 5,029위안/㎡으로 연평균 11.4% 상승했다. 각 시기별로 보면 9차 시기(후반 3년), 10차 시기 그리고 11차 시기에 있어서 상품건물가격 연평균 상승률은 각각 1.9%, 8.4% 그리고 9.7%였다. 이처럼 11차 시기에는 상품건물 가격의 빠른 상승이 나타났고 이는 가장 큰 문제와 이슈가 되었다. 가격문제는 이미 많은 사람들이 알고 있고 여러 번 제기된 문제점이므로 여기에서는 주택가격의 빠른 상승 문제는 제외하고 이 시기에 부동산시장에 나타난 다른 문제점들에 대해서 논의하고자 한다.

(1) 지방정부의 토지재정에 지나친 의존

관련 수치에 의하면 90년대 초부터 2003년까지 전국 토지출양수입의 누적액은 약 2조 위안 정도인 것으로 나타났다. 그 중 2001~2003년도까지가 거의 1조 위안에 달한다. 2003년 이후 주택가격이 상승하면서, 부동산 투자가 증가하였고 토지출양수입도 빠른 속도로 증가하였다. 2004년과 2005년의 토지출양수입은 모두 5천억 위안을 넘어섰다. 11차 시기에 들어 전국 토지출양 총 거래 누적액은 7조 위안을 넘었다. 2006년도의 7천억 위안에서 2010년의 2조 7천억 위안까지 연평균 40.1%의 빠른 증가를 보였다. 같은 기간 전국 지방재정 총수입은 1조 8천억 위안에서 4조 1천 억 위안으로 연평균 22.9% 증가하여, 토지출양수입 연평균 증가율에 크게 미치지 못하고 있다. 전국 토지출양수입이 지방재정에서 차지하는 비중은 2006년의 38.9%에서 2010년 65.9%로 증가하였다. 토지출양금이 가장 많은 도시는 베이징과 상하이로, 베이징의 경우 2010년 토지출양금과 지방재정수입이 각각 1,638억 5천만 위안과 2,353억 9천만 위안으로 토지출양금이 지방재정에서 차지하는 비중이 69.6%에 달한다. 상하이의 경우 2010년 토지출양금과 지방재정수입이 각각 1,527억 위안과 2,873억 6천만 위안으로 토지출양금이 지방재정에서 차지하는 비중이 53.1%에 달한다.

상술한 수치들은 중국 지방정부들의 과도한 토지재정에의 의존도를 충분히 설명하고 있다. 1994년 '분세제' 개혁[4] 이후 나타난 두드러진 특징은 세수는 중앙으로 많이 집중되었고 지방정부의 지출항목은 더욱 늘었다는 것이다. 이에 지방정부는 만성적인 재정적자에 직면하게 되었다. 이러한 상황에서 중앙정부가 토지출양금의 분배에는 관여하지 않기 때문에 지방정부의 토지출양금 수입은 전부 해당 지방정부의 재정수입으로 귀속된다. 이는 높은 토지가격이 지방정부에게는 더욱 많은 재정

4) 국세와 지방세의 분리

수입을 가져다준다는 것을 의미한다. 또한 지방 경제사회 발전의 수요 만족과 해당지역의 높은 GRDP 증가율을 통한 가시적인 행정실적 달성을 위해서 지방정부는 자연스럽게 토지출양을 통한 지방재정수입 증대를 선택하게 되었고, 암묵적으로 토지가격 급등을 방조하는 행태를 취하게 되었다. 지방정부의 이러한 행태는 11차 시기에 최고가 경매토지가 빈번하게 나타났던 주요한 원인이 되기도 하였다. 11차 시기의 지가 상승률은 평균 6.5%에 달하며 이는 10차 시기의 4.6%보다 높은 수치이다(표 2). 동시에 토지가격이 상품건물가격에서 차지하는 비중도 지속적으로 높아졌다. 2001년의 경우 당해 연도 토지가격이 상품건물가격에서 차지하는 비중이 47.4%였으나 2010년에는 57.3%로 높아졌다. 주택건설이 대략 1~2년의 개발주기를 가지고 있음을 감안하여 각각 1~2년 후의 시기로 지가와 상품건물가격의 비중을 계산해보면 그 비중의 증가 추세가 명확해진다.

[표 2] 토지가격상승률과 상품건물가격에서의 비중

(단위: 위안/㎡, %)

시기와 연도		토지가격 (종합용도)	토지가격 상승률	상품건물 판매가격	당해연도 토지가격/ 당해연도 상품건물가격	전 1년 토지가격/ 당해연도 상품건물가격	전 2년 토지가격/ 당해연도 상품건물가격
10차 시기	2001	1,028	3.4	2,017	47.4	-	-
	2002	1,074	4.5	2,092	47.7	45.7	-
	2003	1,129	4.7	2,197	47.9	45.5	43.6
	2004	1,198	6.1	2,608	43.1	40.6	38.7
	2005	1,468	4.2	2,937	46.3	37.8	35.6
11차 시기	2006	1,544	5.2	3,119	45.9	43.6	35.6
	2007	1,751	13.4	3,645	45.3	40.0	38.0
	2008	2,526	0.5	3,576	66.5	46.1	40.6
	2009	2,653	5.1	4,459	56.7	54.0	37.4
	2010	2,882	8.6	4,724	57.3	52.8	50.2

주: 본 표의 토지가격상승률은 「국토자원부 토지이용관리사 토지감측규획원 중국도시지가동태감측 시스템」에서 인용

토지가격의 빠른 상승은 부동산 개발기업들로 하여금 토지매점을 막대한 이윤을 남길 수 있는 유용한 수단으로 보게 하였고, 이는 상품건물의 유효공급 감소로 이어져 시장의 수급불균형이 더욱 심화되는 결과를 낳았다. 또한 빈번하게 나타났던 최고가 토지의 갱신은 일반 대중들로 하여금 주택가격 상승에 대한 강한 예측을 형성시켜서 소비자들의 공황적 심리상태와 함께 맹목적인 구매행위가 나타나게 하였다. 지방정부가 토지가격 상승을 통하여 재정수입을 확대하면서, 지방정부는 토지징수에 적극적으로 나섰고, 토지징수에 있어서 지나치게 낮은 보상가격을 통해 차액을 남기려 하면서 토지수용을 둘러싼 사회적 모순과 충돌이 빈번하게 나타나게 되었다. 토지재정은 도시건설용지의 비합리적 확장을 조장하고, 인구도시화가 토지도시화의 속도에 못 미치는 불균형이 나타났고, 도시화 발전과정에서의 토지비용을 상승시켰다.

(2) 보장성 주택 건설, 관리 역량 부족

주택개혁 이래 경제적용주택이 주된 주체였던 보장성 주택의 건설은 매우 부족했다. 이는 경제적용주택에 대한 투자액과 신규착공면적 등에서 충분히 드러나고 있다. 경제적용주택에 대한 투자액과 신규착공면적이 10차 시기에 비해서 증가율이 높아지긴 했지만, 전체 주택투자액과 주택신규착공면적에서 차지하는 비중은 명확한 감소 추세를 보였다(표 3). 주택 개혁 이후 11차 시기의 후반 금융위기가 발생하기 전까지 사실상 보장성 주택의 건설은 크게 중요시되지 못하였다. 보장성 주택의 유형이 극히 적었고, 공급물량이 작았으며, 혜택대상이 협소하다는 등의 문제점들로 인하여 저소득계층들이 보장성 주택을 통해서 주거문제를 해결하기는 매우 어려웠다.

또한 보장성 주택에 대한 법률제도가 제대로 갖추어지지 못했고, 관리감독역량의 부족 등의 원인으로 하여 보장성 주택은 그 건설과 관리단계에 있어서 많은 문제점들을 노출시켰다. 우선 보장성 주택에

[표 3] 경제적용 주택투자 · 신규착공면적 및 전체 주택시장에서의 비중

(단위: 억 위안, 만㎡, %)

시기	연도	경제적용 주택투자액	증가율	주택총투자에서의 비중	경제적용주택 신규착공면적	증가율	전체 주택신규착공 면적에서의 비중
9차 시기	1998	271	-	13.0	3,466	-	20.8
	1999	437	61.4	16.6	3,970	14.5	21.1
	2000	542	24.1	16.4	5,313	33.8	21.8
10차 시기	2001	600	10.5	14.2	5,796	9.1	19.0
	2002	589	-1.8	11.3	5,280	-8.9	15.2
	2003	622	5.6	9.2	5,331	1.0	12.2
	2004	606	-2.5	6.9	4,257	-20.1	8.9
	2005	519	-14.4	4.8	3,513	-17.5	6.4
11차 시기	2006	697	34.2	5.1	4,379	24.6	6.8
	2007	821	17.8	4.6	4,810	9.8	6.1
	2008	971	18.3	4.3	5,622	16.9	6.7
	2009	1,134	16.8	4.4	5,355	-4.8	5.7

대한 주택용지공급이 원활히 이루어지지 않았고, 보장성 주택을 상품적 성격의 주택으로 전용하는 등의 문제가 많은 지역에서 빈번하게 발생하였다. 그리고 보장성 주택의 입지가 지나치게 외진 곳에 위치하거나 편의시설의 건설이 지연되어 주민생활에 불편을 초래하는 등의 문제가 있었으며, 개발기업들이 평형 · 구조 및 판매대상을 임으로 결정하는 사례들이 나타나면서 당초 중저소득 가정을 대상으로 했던 경제적용주택의 원래 의도가 변질되었다. 또한 경제적용주택 구매자격심사가 형식에 불과하여 중저소득계층이 아닌 중상위 소득이상의 계층들이 경제적용주택을 투자목적으로 구매하거나, 전매 혹은 임대를 통하여 수익을 올리는 등의 다양한 문제점들이 나타났다. 염가임대주택의 퇴거(退居) 기제가 마련되어 있지 않았고 경제적용주택의 재산권 문제 등이 여전히

완비되지 않는 등 보장성 주택의 관리제도 부문은 아직 개선될 부분이 많이 남아 있다.

보장성 주택의 건설과 관리의 역량이 부족한 주요 원인은 첫째 보장성 주택에 관한 법규와 제도가 낙후되어 있기 때문이다. 안정적인 투자 자금을 위한 자금루트 확보에 관한 법규나 제도가 마련되어 있지 않고, 수익성도 크지 않기 때문에 지방정부와 부동산 개발기업들은 보장성 주택 개발에 적극성을 보이지 않았다. 둘째는 주택에 대한 민생적 의의와 보장성 주택의 성질에 대한 인식에 편차가 존재하기 때문이다. 이 때문에 저소득 가정을 위한 보장성 주택의 공급이 심각하게 부족하게 되었고, 저소득계층은 보장성 주택의 혜택을 얻지 못하고 주거곤란문제를 시장을 통해서 해결해야 하는 등 부동산의 과도한 시장화가 나타났다. 셋째 보장성 주택건설과 관리에 대한 공공재정의 지원이 부족하고, 보장성 주택에 대한 지원수단이 획일화 되어 있으며, 입법 재정 세수 금융 등의 관련 조치와 법규가 미비하기 때문이다. 마지막으로 개인과 가정의 주택구매기록 그리고 신용상황을 관리할 수 있는 체계적인 시스템이 완전하지 않기 때문에 보장성 주택 구매자격심사에 구멍이 생길 수밖에 없기 때문이다.

(3) 부동산 조정정책의 불완전성

2003년 이래 실시된 부동산 조정정책은 특정부분의 부동산시장문제의 해결하는 데는 어느 정도의 긍정적인 작용을 하였지만, 조정이 완전하게 이루어지지 않았기 때문에 문제점은 계속하여 존재하여 왔다. 그러한 주요 문제들로는 첫째 왕성한 수요에 비해 공급이 크게 부족하여 심각한 수급불균형이 존재하였다. 2003~2010년까지 상품주택 준공면적과 판매면적은 각각 38억 3천만㎡와 47억 7천만㎡으로 양자의 차이는 9억 5천만㎡에 달하며, 이를 통해 대략적으로 계산해 보면 수급불균형은 약 1,055만 6천 채에 달한다('90㎡/채'로 계산). 둘째 주택가격의 지속적인 높은 상승이다. 상품건물 판매가격은 2003년의 2,359위안/㎡에서 2010년의 5,029위안/㎡으로 연평균 381.4위안/㎡ 상승하였고 연평균 상승률은 11.4%에 달했다. 셋째 공급구조의 불균형이다. 2003년 이래 경제적용주택투자의 전체 주택투자에서의 비중은 2003년의 9.2%에서 2009년에 4.4%로 감소하였다. 그 외에도 부동산 조정정책의 불완전성은 다음과 같은 것들이 있다. 부동산 투기 과열이 여전히 유효하게 억제되지 않았고, 부동산시장질서에 있어서 여전히 혼란이 존재하고 있으며(예: 정보비대칭, 관경유착, 열악한 주택품질, 매매분규 등), 단기 조정조치들이 빈번하게 발표되는 것에 비해 장기적인 기제에 의한 조치들이 마련되지 않아 시장의 단기예측이 계속적으로 변하고 장기예측이 명확하지 않다는 것 등이다.

부동산 조정정책의 불완전성으로 인해 부동산시장의 문제점들은 여전히 해결되지 못한 상태로 남아 있다. 만약 향후에도 이러한 문제점들이 해결되지 못한다면 잠재되어 있던 경제 · 사회 · 정치적 문제가 확대될 가능성이 크다.

(4) 시장관리감독의 결여

(가) 토지구매와 개발단계

부동산 개발기업이 토지매점을 통한 토지가격 상승의 이득은 토지유휴로 인해 납부해야 하는 벌금보다 훨씬 크기 때문에 벌금부과를 통한 토지유휴 억제정책이 한계를 보이고 있다. 이 단계에 있어서 토지징수 허가는 작게 받고 실제로는 이 보다 많이 징수하고, 토지를 사용하지 않고 유휴상태로 방치하거나 부정경매 등 규정이나 법률에 위배되는 많은 문제들이 나타나고 있다. 이미 1999년 '유휴토지 처리방법'이 발표되어 부동산 개발을 진행하는 토지가 만2년 동안 공사를 하지 않으면 정부가 무상으로 몰수할 수 있다고 명시되어 있지만, 이러한 법률이나 관련 규정이 유효하고 엄격하게 집행되지 않고 있다.

(나) 건설단계

부동산 개발기업의 법률이나 규정을 위반한 개발경영활동, 개발기업의 자격등급에 규정되어 있지 않은 프로젝트나 건설규모의 개발사업 진행, 용적률을 초과한 개발, 프로젝트 개발에 관련된 계획설계지표에 대한 임의 변경 등이 빈번히 벌어지고 있다. 특히 주택과 부대편의시설에 대한 열악한 시공은 이 단계의 가장 주요한 문제로서 주택품질문제는 소비자들의 불만접수가 가장 많은 부분이다.

(다) 판매단계

예비판매허가의 최저규모에 대한 규정이 명확히 정해져 있지 않기 때문에 개발기업들이 층 단위나 기타 작은 단위로 나누어서 예비판매허가증을 획득하고 물건을 매점하는 등의 방식을 통하여 개발기업 임의로 판매가격 상승을 조장하는 현상이 벌어지고 있다. 또한 분양을 하는 단계에서는 허위광고나 분양현황 조작으로 소비자들이 조급하게 주택구매에 따라 나서게 함으로써 판매가격을 올리는 등의 일들이 빈번히 발생하고 있다. 또한 개발기업들이 소비자들로 하여금 '추첨번호 획득비용', '구매의향 보증금' 등 규정되지 않은 각종 비용을 수취하여 변형적인 판매활동을 진행하거나, 동일한 품질과 등급의 상품건물에 대해서 서로 다른 구매자에게 각기 다른 가격으로 판매하는 등 소비자의 권익을 침해하는 많은 문제가 존재하고 있다.

(라) 물업관리단계

중국의 물업관리제도는 그 시작이 늦었기 때문에 아직 완전한 관리시스템이 갖추어지지 않았고, 제도화와 산업화 규범화가 이루어지지 않았다. 물업관리 부문에 있어서 경쟁이 제대로 이루어지지 않고 있고, 서비스업인 이 분야에 종사하는 직원들의 직업소양도 전체적으로 낮다. 또한 주택소유자위원회의 성립이 미비하고, 조직의 성립과 역할이 규범화되어 있지 않으며, 소유자위원회의 법적인 위치가 명확히 규정되어 있지 않기 때문에 소유자위원회가 발휘해야 할 본연의 역할이 제대로 이루어지지 않고 있다. 그리고 물업관리비용의 수취에 대한 통일된 표준이 마련되어 있지 않기 때문에 주택소유자가 물업관리비용을 체납하거나 거부하는 사례가 빈번히 발생하여, 물업관리비용의 낮은 수취율로 인해 물업관리 서비스가 지속적으로 이루어지지 않고 있는 주택단지도 적지 않다.

(마) 중개서비스단계

부동산 중개업무를 규범화하는 법규와 제도가 불완전하고, 부동산중개기구의 관리가 제대로 되지 않으며 중개회사들의 경영행위가 규범화되지 않아 업계전체의 이미지와 신뢰도가 낮다. 또한 부동산중개업무 종사자에 대한 교육과 직업인식이 제대로 이루어지지 않았기 때문에 부동산중개업무기업의 무질서와 위법행위가 빈번히 나타나고 있다.

(5) 부동산세제의 불합리성

부동산세제제도의 불합리성은 크게 아래 세 가지 부문으로 나타나고 있다.

(가) 세비구조의 불합리성

많은 선진국에서 부동산세제가 지방정부 재정수입에서 차지하는 비중은 50%를 넘어서고 있다. 그러나 중국의 부동산영역의 세수는 세수총수입에서 차지하는 비중이든 지방재정수입에서 차지하는 비중이든 모두 큰 한계를 보이고 있다. 여기에다 1994년 분세제 개혁 이후 중앙과 지방정부의 세수수입과 지출항목이 균형을 이루지 못하고 있기 때문에 지방정부의 재정능력이 감소하였다. 경제사회발전과 중앙정부의 지방정부에 대한 평가에 대한 압박으로 인해 많은 지방정부들이 토지출양수입을 '제2의 재정'으로 간주하여 토지재정에 대한 의존이 과도하게 이루어지고 있다.

(나) 거래단계와 보유단계 세수의 불균형

부동산업의 발전에 따라서 보유단계의 세수비율이 전체적으로 증가

접어들게 하였다. 신정책을 시행한 후 지하철 8호선 인근 지역에서는 토지 출양이 없었고 융순(永順), 마쥐차오(馬駒橋) 구역은 가격이 낮은 편으로 3,000위안/㎡ 수준이었다. 11월에 이르러 리위안(梨園) 필지가 시장에 나오자 퉁저우(通州)의 건축연면적 대비 토지가격은 다시 1만 위안/㎡ 수준을 회복했다.

(2) 상하이: 쑹장(松江) 신도시

대학 캠퍼스타운 건설이 추진되고 지하철 개통 등의 호재에 힘입어 쑹장(松江) 신도시 건설은 중대한 진전을 거뒀다. 특히 광푸린(廣富林) 구역은 핵심 위치에 입지하고 있어 많은 기업들의 주목을 받았다. 2010년 2월 이 지역에서 3개 필지가 최고가로 낙찰됐고 그 가운데 광푸린(廣富林) 2-4호 구역은 건축연면적 대비 토지가격이 16,000위안/㎡에 달했다. 다른 2개 구역 중 룽싱루(龍興路) R19-2호와 R19-1호의 가격 역시 10,750과 11,111위안/㎡을 기록했다. 조정정책 시행 후에도 해당 지역의 건축연면적 대비 토지가격은 하락하지 않았고 광푸린(廣富林) 2-6과 2-5호 및 잉자루(影佳路) 구역의 가격은 정책 시행 전 수준에 근접했다.

지금까지의 분석을 통해 정책조정이 단일 지역 건축연면적 대비 토지가격에 미치는 영향은 비슷한 것을 알 수 있었다. 입지조건이 수요의 탄력성을 결정하는 요인이었고 도심지역 희소가치가 있는 주거용지와 신도시 전철노선 주변의 주거용지는 정책조정 기간에 정부가 최저가격을 인하하지 않았음에도 불구하고 기업들의 환영을 받았고 건축연면적 대비 토지가격 역시 정책 시행 전에 비해 조정이 없었다.

또 일부 도시에서는 정책조정에 따라 관련 부서에서 건축연면적 대비 토지가격 하락효과를 거두기 위해 인기구역을 시장에 공급하지 않고 외곽지역이나 보장성 주택을 의무적으로 건설해야 하는 용지를 공급해 해당 지역의 전체 건축연면적 대비 토지가격 평균을 끌어내리려고 하기도 하였다.

[표 7] 상하이 쑹장 지역 신정책 시행 전후 가격 변동

<table>
<tr><th>지역명칭</th><th>시기</th><th>점유면적
(ha)</th><th>프리미엄률
(%)</th><th>건축연면적
대비 토지가격
(위안/㎡)</th><th>인수기업</th><th>구 분</th></tr>
<tr><td>광푸린2-4호
(廣富林2-4號)</td><td>2월</td><td>13</td><td>291</td><td>16,378</td><td>상하이자오상(上海招商),
완커(萬科)</td><td rowspan="2">조정전</td></tr>
<tr><td>룽싱루R19-2호
(龍興路R19-2號)</td><td>2월</td><td>9.2</td><td>273</td><td>10,750</td><td>룽후(龍湖)</td></tr>
<tr><td>룽싱루 R19-1호
(龍興路R19-1號)</td><td>2월</td><td>14.76</td><td>272</td><td>11,111</td><td>상팡징잉(上房經營),
중화치예(中華企業)</td><td rowspan="4">조정후</td></tr>
<tr><td>광푸린 2-6호
(廣富林2-6號)</td><td>5월</td><td>16.7</td><td>192</td><td>13,724</td><td>상하이베이팡청스
(上海北方城市)</td></tr>
<tr><td>광푸린 2-5호
(廣富林2-5號)</td><td>9월</td><td>9.45</td><td>231</td><td>16,488</td><td>상하이허성(上海合生)</td></tr>
<tr><td>잉자루
(影佳路)</td><td>11월</td><td>1.8</td><td>126</td><td>12,164</td><td>퉁룬(同潤)</td></tr>
</table>

3. 2010년 중국 토지정책과 시장의 문제점

1) 행정수단으로 시장의 근본적 문제 해결은 불가능

2010년 중국의 토지정책의 조정 과정을 돌아보면 3가지 분야에 치중한 것을 알 수 있다. 주거용지의 공급을 늘리고, 토지공급구조에서 보장성 주택 용지의 비율을 높이고, 토지의 출양방식을 개혁하는 것이다.

정책을 시행 1년이 지난 후 본문 첫 번째 부분인 전국의 토지시장 분석을 보면 공급의 급증과 토지 출양방식의 개혁이 가격을 끌어내리지 못했고 오히려 시장의 수급불균형이 심각해진 것을 알 수 있다. 특히 유동성이 높은 거시경제 환경 속에서 이러한 특징이 두드러졌다.

그렇다면 토지의 '입찰과 경매, 공시'를 통한 출양방식의 개혁이 왜 토지가격을 억제하지 못했으며 토지거래가격을 결정하는 근본적인 요인은 무엇일까?

[표 8] 2010년 중국 토지정책조정 경과와 시장 반응

시기구분	정책조정	시장반응
(2010. 1. ~ 2010. 3.)	*문건 - 2010.3 국10조 - 2010.3 부동산용지공급과 관리감독 *경향 - 토지출양방식 개혁 - 연도별 토지공급계획 제정, 보장성 주택 및 중소형 용지공급 비중 77% - 경매보증금 인상, 단일 상품주거용지 출양면적 제한	거래량과 가격 동반 상승 - 시장 '지왕(地王)' 탄생 - 시장에 고 프리미엄, 고 개별가격, 고 전체가격 현상 - 중앙기업, 국유기업이 시장 독점
(2010. 4. ~ 2010. 9.)	*문건- 2010.4 신 국10조 - 2010.5 토지증치세 - 2010.9 「부동산용지와 건설 관리 조정 진일보 강화에 관한 통지」, 국무원의 일부 도시 부동산가격 빠른 상승의 단호한 억제에 관한 통지 관철을 위한 4개 요구 *경향- 유휴토지의 증치세 청산 - 토지관련 불법행위 기업은 토지획득 잠정 중지	거래량과 가격 동반 하락 - 좋은 입지의 필지 감소, 외곽지역 필지 증가 - 경매 프리미엄 하락 - 토지경매 유찰 - 단, 고가의 토지가 계속 탄생
(2010. 10. ~ 2010. 11.)	*문건- 2010.10 12차 5개년규획「건의」- 2010.11 주택보장법 초안이 국무원 2010년 입법계획에 포함 - 2010.12「부동산 용지조절정책의 엄격한 이행 및 토지시장의 건전한 발전촉진의 관련문제에 관한 통지」 *경향 - 보장성 주택 계획 시 토지가 불충분할 경우 위법으로 간주 - 토지의 사재기, 방치행위 단속 - 프리미엄이 50% 초과, 단위가격 또는 전체가격이 최고가 기록 시 신고	거래량 상승, 가격 안정 - 좋은 입지의 필지가 다시 대량 공급 - '지왕(地王)'이 집중적으로 탄생 - 공급량 급증, 전체적으로 최저가격 거래가 많음

지금부터는 수급불균형이 가장 심각한 베이징시의 토지시장을 모델로 토지출양방식의 개혁 효과를 살펴보고 토지의 1급 개발(土地一級開發)[3])이 토지공급에 미치는 영향을 기준으로 상술한 문제를 분석하고자 한다.

3) 토지의 1급 개발이란 정부나 정부의 위탁을 받은 기업이 일정 지역 내에서 도시 국유토지 또는 향촌 집체토지를 일괄적으로 수용해 철거와 정착·보상을 실시하고 적합한 기반시설을 건설하는 것을 말한다.

2) 토지출양방식 개혁: 토지비용의 음성화

2004년 8월 31일부터 토지시장에서 공식적으로 입찰과 경매, 공시제도를 시행했고 이는 토지거래가 시장화 시대에 접어든 것을 의미했다. 입찰과 경매, 공시제도는 국유자산 유실을 효과적으로 억제했지만 희소성을 가지는 재생 불가능한 토지자원을 매개로 하여 매매 양측이 이익이라는 공통된 목표를 추구하게 되었다. 특히 공급자 독점적 시장의 상황에서 가격상승은 필연적인 결과였다. 시장에서의 과도한 경쟁적 가격인상으로 토지경매가격과 수익을 지나치게 높였던 것 외에도, 입찰과 경매, 공시제도는 자금이 가장 우선시되며 높은 가격을 제시하는 기업이 토지를 출양받을 수 있는 형식이었기 때문에 상대적으로 자금력이 막강하고 유용한 융자플랫폼을 가진 국유기업들이 다수의 '지왕(地王)'을 만들어내면서 사실상 토지시장을 독점했다 이런 상황에서 국토자원부는 토지가격이 급상승한 1급 도시와 2, 3급 도시에서의 토지출양의 입찰과 경매, 공시제도를 개선하여 '종합심사(綜合評標)'와 '비공개입찰(暗標)', '양방향 가격경쟁(雙向競價)'을 도입해 과열된 토지가격을 억제했다.

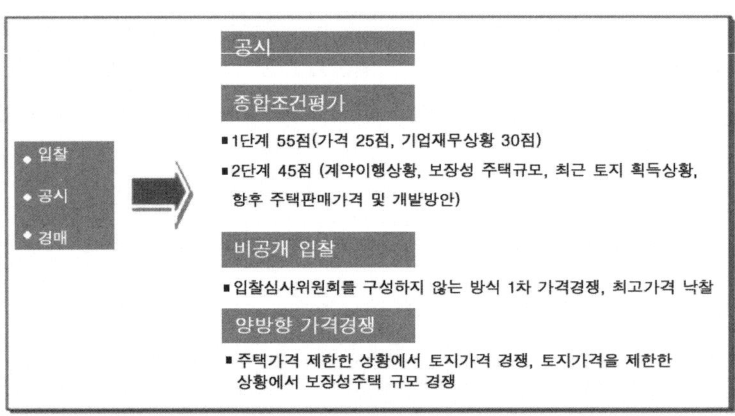

〈그림 6〉 2010년 베이징 토지출양제도 개혁 방법

아래에서는 토지의 가격과 경매 프리미엄 수준 및 기업의 토지획득 등 3개 분야로 나누어 베이징시 토지시장에서 시행하는 각종 출양방식의 효용을 분석하고자 한다.

(1) 비공개 입찰, 1차 가격경쟁으로 기업의 이성적인 입찰 유도

입찰심사위원회를 설치하지 않고 한 차례만 가격을 경쟁하여 높은 가격을 제시한 기업이 토지를 획득한다. 때문에 기업은 더욱 이성적으로 응찰가를 결정할 수 있고 공개입찰 시 부동산 개발사들이 현장에서 가격을 올려 예산의 수용 범위를 초과하면서까지 과열되었던 비이성적인 행동을 막을 수 있었다.

먼저 한 차례만 입찰하기 때문에 기업이 응찰할 때 상대적으로 금액을 보수적으로 설정했다. 창잉(常營) 구역의 경우 최저가격은 17억 위안이었는데 룽후(龍湖)의 응찰가격은 45억 4천만 위안, 완커(萬科)는 22억 2천만 위안, 화룬(華潤)은 37억 8천만 위안이었다. 둘째, 이 방법으로 토지를 출양한 경우 건축연면적 대비 토지가격이 같은 지역에서 공개적 경매를 통해 결정된 건축연면적 대비 토지가격보다 일반적으로 낮게 나타났다. 뤼디(綠地)가 미윈(密雲) 구역를 출양받았을 때의 건축연면적 대비 토지가격은 3,146위안/㎡으로 이는 조정이 이루어지기 이전인 같은 해 2월에 같은 미윈(密雲) 구역에서 진행된 공개경매 방식보다 낮은 가격이었다.

그러나 이 방식은 시장에서 적용되는 사례가 적은 편이다. 이러한 방식으로 토지를 출양할 경우 여전히 최고가격이 낙찰되는 방식이어서, 비이성적인 가격 경쟁만을 통제하는 것이 취지였지 가격 자체를 통제하는 것이 목적이 아니었다. 때문에 입지가 좋은 많은 수요를 유발하는 토지에 대해서는 적용하지 못하고 주로 외곽지역 토지에 적용했다. 또 시장에 대한 판단의 정확성이 이 모형의 주요 요소이기 때문에 중소기업이 낙찰될 기회가 많았다.

[표 9] 베이징 비공개입찰 출양 구역

(단위: 위안/㎡)

구 역	건축연면적 대비 토지가격	경매 프리미엄률 (%)	같은 구역 공개경매된 토지의 건축연면적 대비 토지가격	주변 주택가격	인수기업
차오양창잉 (朝陽 常營)	9,807	267%	15,000-20,000	20,000	룽후(龍湖)
다싱차이위 (大興采育)	4,503	120%	5,000	18,000	헝성허톈허신 (恒盛合天和信)
옌칭 (延慶)	6,82	102%	2,000	5,000	룽칭(龍慶)
순이마포동측 (順義馬坡) (2구역)	9,741	166%	8,000	15,000-18,000	베이천(北辰)
미윈 (密雲)	3,146	160%	4,000	6,000-8,000	뤼디(綠地)

(2) 종합 입찰제는 가격요인 작용을 효과적으로 희석

종합입찰 방식은 경매심사를 2단계로 나누어 실시하고 1단계에 참여해야 2단계에 진입할 자격이 주어진다. 1단계 심사는 총점이 55점인데 가격점수가 25점, 기업의 재무상황이 30점이다. 2단계는 총점이 45점으로 해당 기업이 예전에 계약을 이행한 상황과 보장성 주택 규모, 최근 토지획득 현황(1급 개발사는 최근 6개월 동안 40만㎡을 초과해서 출양받을 수 없음), 향후 분양가격 등을 평가한다.

이 모형은 현재 시장에서 토지를 출양할 때 가장 많이 채택하는 방식으로 특히 인기가 많은 구역에서 채택하고 있다. 인기구역토지를 출양할 때 토지가격을 효과적으로 통제하기 위해 최저가격을 높게 설정해서 향후 프리미엄의 상승공간을 줄이는 것을 목표로 한다. 예를 들면 팡산창양(房山長陽)구역과 탕자링(唐家嶺), 창핑베이치자(昌平北七家) 등의 최저가격은 동일 지역에서도 높은 편에 속해 토지를 얻은 후 프리미엄 수준을 200% 이하로 통제할 수 있었다.

기업의 입장에서 보면 종합입찰 방식은 입찰금액, 기업이 경영상황, 토지의 전체 설계 등 부동산기업의 종합 실력을 평가하기 때문에 대형 부동산기업이 낙찰될 기회가 많고 규모를 확장하는 데 유리하게 작용한다. 일례로 완커(萬科)는 팡산(房山)구역에서 지속적으로 토지를 낙찰받았다. 그러나 입찰평가위원회가 불투명해서 공평성을 보장할 수 있는지 여부는 미지수다.

비공개 입찰에 비해 종합경매가 더욱 효과적으로 토지가격을 통제했다. 종합경매 방식으로 출양한 순이마포(順義馬坡) 동측(1구역)의 경우 비공개 입찰로 출양한 마포(馬坡) 동측(2구역)보다 건축연면적 대비 토지가격이 1,700위안/㎡ 떨어졌다.

[표 10] 베이징 종합입찰 출양 구역

(단위: 위안/㎡)

구 역	최저 건축연면적 대비 토지가격	거래된 건축연면적 대비 토지가격	프리미엄률	주변 주택가격	같은 구역 건축연면적 대비 토지가격	인수기업
순이마포동측(順義馬坡) 2구역	5,699	8,109	140%	15,000-18,000	8,000	중국철도(中鐵)
창양(長陽)3호	5,759	6,233	108%	13,000-15,000	6,000-9,000	완커(萬科)
퉁저우리위안(通州梨園)	6,653	8,291	125%	18,000-20,000	8,000-10,000	진위자예(金隅嘉業)
하이뎬탕자링(海澱唐家嶺)C1	13,999	19,998	143%	25,000	14,000	완커(萬科), 우광(五礦)
창핑취베이치자(昌平區北七家)	6,816	7,700	113%	17,000	4,000-8,000	진룽제(金融街)

(3) 양방향 가격경쟁, 토지비용이 불투명

양방향 가격경쟁(雙向競價)의 구체적인 방식은 "주택가격을 제한하고 토지가격을 경쟁하되 토지의 최고가격을 제시한 응찰자가 낙찰" 받는 방법과 "토지가격을 제한하고 최저 보장성 주택 환매가격, 최저가격을 제시한 응찰자가 낙찰" 받는 방법, "정책성 주택의 환매가격을 명시하고 보장성 주택의 건설면적이 가장 넓은 응찰자가 낙찰" 받는

[표 11] 베이징 양방향 가격경쟁 출양 구역

(단위: 위안/㎡)

구 역	설정된 건축연면적 대비 토지가격	거래된 건축연면적 대비 토지가격	인수기업	보장성 주택 건설
팡산더우덴 (房山竇店)	상한 4,700	4,718 (유찰)		-
마포(馬坡)신도시 9호 서측	8,000	7,000 (유찰)		가격제한주택 5만㎡, ㎡당 5,800위안으로 환매
순이장전 (順義張鎮)	846	1,356	베이진톈정화터 (北京天正華特)	임대주택 1.56만㎡
팡산광양청 (房山廣陽城) 소주택지구	상한8,332	8,332	앙네이(昂內) 야타이환위(亞太環宇)	임대주택 4,860채
하이덴샤오잉 (海澱小營)	8,244	14,000	베이징청젠 (北京城建)	임대주택 8만㎡

방법이 있다. 실시 과정을 보면 해당 방식은 토지가격을 통제하는 동시에 보장성 주택을 공급하는 데 유리하다.

하지만 이 모형은 시장에서 많이 채택되지 않았고 시행 초기에 주목을 받지 못해 유찰되는 사례도 있었다. 팡산(房山)의 더우덴(竇店), 순이(順義), 마포(馬坡) 신도시 9호 서측 구역이 이에 해당된다. 현재 상품주택용 필지에서 보장성 주택을 건설하는 것이 일종의 보이지 않는 규정으로 굳어져 필지를 출양할 때 보장성 주택의 면적을 규정하고 있다. 그렇게 되면 사실상 상품주택 필지가 보장성 주택 비용을 분담하는 것이어서 토지가격을 끌어올리는 결과를 가져왔다. 예를 들어 베이징청젠(北京城建)에서 낙찰 받은 하이덴샤오잉(海淀小營) 구역은 8만㎡ 규모의 공공임대주택을 건설해야 한다. 공공임대주택의 건설비용을 포함한 실제 건축연면적 대비 토지가격이 14,000위안/㎡에 달해 주변 주택가격이 22,000~30,000위안/㎡인 것을 감안하면 높은 수준이다.

이러한 모형에 있어서의 투자수익은 한계가 있기 때문에 중소기업이 선호했고 높은 수익을 추구하는 대형 부동산기업, 특히 상장기업은 비교적 냉담했다. 중소기업은 자체 경쟁력으로 토지획득 규모를 확대했고 기업의 빠른 성장을 위해 안정적인 투자수익을 추구하였다. 또 이를 통해 개발경험을 축적하고 기업의 자금력도 개선하여 기업의 향후 경쟁력으로 크게 제고할 수 있기 때문이다. 물론 '주택산업화'를 기업 전략으로 선택한 완커(萬科)와 같은 기업은 보장성 주택 건설을 배제하지 않았다.

토지출양방식의 개혁은 단순한 가격만의 경쟁을 줄여 토지출양가격을 합리화하는 것이 본래 취지였으나 정책을 시행한 지 1년이 지난 후에도 건축연면적 대비 토지가격에 대한 억제효과가 낮았다. 상술한 3가지 출양방식은 기업과 정부 모두 이익을 동시에 실현할 수 없었고(그림 7) 토지가격도 대폭 떨어뜨리지 못했으며 오히려 두 가지 문제점을 가져왔다. 첫째, 개혁 초기에 기업과 정부의 반목과 갈등이 수면 위로 불거져 나왔다. 향후 토지가격에 대한 판단 차이로 인해 토지경매가 유찰되고 시장의 조정으로 인해 토지의 수급이 모두 위축되었으며 토지 공급주기가 균형을 잃었다.

둘째, 더욱 중요한 것은 동일 지역의 건축연면적 대비 토지가격이 실질적인 조정을 받지 않았다. 보장성 주택을 의무적으로 건설하는 방법은 토지가격 상승을 억제하려는 목표를 달성하지 못하고, 오히려 보장성 주택의 비용을 상품주택 필지에 전가해 실질적으로 상품주택의 토지 비용을 상승시키는 결과를 가져왔다. 이런 비용의 상승은 개발사 입장에서 보면 시장의 가격경쟁에 따른 비용 상승과 같은 것이어서

	프리미엄	토지가격	기업
종합조건평가	√		√
비공개 입찰		√	
양방향가격경쟁		√	√

〈그림 7〉 각 출양방식의 토지, 기업에 대한 영향

부동산가격 상승에 반영될 수밖에 없었다.

때문에 기존에 시행했던 입찰과 경매, 공시 제도가 '지왕(地王)' 탄생의 직접적인 원인은 아니었다고 할 수 있다. 토지출양방식의 개혁은 시장의 수급불균형을 해결해 실질적인 공급을 늘려 건설용지 부족을 해결하는 것이 가장 직접적인 방안이 될 것이다. 그러나 사실상 현재 전국 대다수 도시에서는 이러한 문제의 핵심을 인식하지 못하고 있다. 베이징의 경우도 토지의 1급 개발권을 회수하고 있어 토지의 효과적인 공급의 큰 장애물을 만들었다.

3) 토지 1급 개발의 행정화: 독점은 건설용지 부족 해결에 무용지물

토지의 유효공급을 확대하는 방법에 대해 베이징 정부는 올해 두 가지 목표를 설정했다. 유휴토지에 대한 문책과 처리방법을 강화하고, 1급 개발 시장에서 점차 개발권을 독점하여 국유건설용지의 시장으로의 직접 유입거래를 취소하는 것이다. 내년 1월 1일부터 베이징시는 국유건설용지의 직접적인 시장유입거래신청을 수리하지 않기로 했다. 이들 토지는 정부가 직접 기존의 1급 개발회사에게 보상을 지급하고 정부가 비축한 후 다시 시장에 유입시켜 공급하도록 하였다.

직접 토지시장에 참여해 거래한다는 것은 토지를 실질적으로 관리하는 조직이 토지의 1급 개발을 스스로 진행한 후 시 토지센터에 위탁해 공개적으로 출양하는 방법을 말한다. 국유건설용지의 직접 시장거래를 취소한다는 것은 장차 토지의 1급 개발권이 정부의 손에 더욱 집중된다는 뜻이다. 작년 말부터 베이징 국토자원부는 향후 5년 내에 토지의 1급 개발을 모두 정부에서 회수하며 정부가 개발주체의 자격으로 투자하고 구체적인 시행은 기업에 위탁한다고 발표했다.

이로써 베이징 토지의 1급 개발 시장에서 채택한 "정부가 추진하고 토지비축센터에서 집행하며 은행에서 자금을 지원"하는 방식이 점차 강화될 것으로 보인다. 그러나 토지 1급 시장의 개발권을 회수하면 과연 토지출양 단계에서 비용을 억제하고 토지의 실질적인 공급을 확대해 주택가격 규제의 목적을 달성할 수 있을지는 의문이다.

필자는 이에 부정적으로 생각한다. 첫째, 정부가 주도하는 토지의 1급 개발이 효율적일 것이라고 보장할 수 없다. 정부가 토지의 1급 개발시장을 독점하면 시장은 기업의 참여 부족으로 활기가 떨어지고 권력에 의지한 부정부패가 발생하기 쉽다.

둘째, 토지가격을 억제하는 것 역시 정부 주도의 방식은 단위 토지비축 비용의 상승을 피할 수 없기 때문에 토지출양단계에서 최저가격을 통제해 거래가격을 억제하겠다는 목표를 실현할 수 없다. 알려진 바에 의하면 올해 10월까지 베이징시의 토지비축 투자총액은 작년 한 해보다 49억 위안이나 늘었지만 실제 비축한 토지면적은 오히려 300ha 정도 줄었다고 한다. 다시 말해서 이는 토지출양의 최저가격이 이미 상승했다는 뜻이다. 또 출양단계에서 거래가격은 결국 시장의 가격 예측에 따라 결정되기 때문에 가격경쟁이 존재하는 한 최저한도는 억제효과를 상실한다.

더욱 중요한 것은 토지의 실질적인 공급 분야에서 정부가 토지의

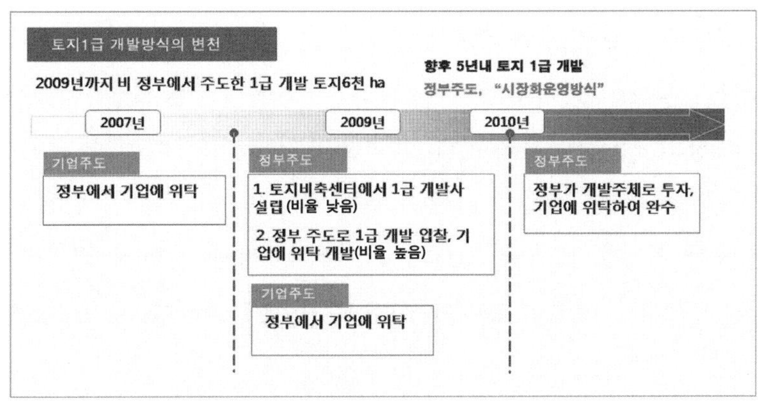

〈그림 8〉 토지 1급 개발 방식의 변천 과정

1급 개발을 독점하면 토지비축제도 속에서 정부가 토지공급을 독점하게 되고 토지의 실질적인 공급 부족을 조장해 수급불균형으로 인한 토지가격의 지속적인 상승을 가중시킬 것이다. 토지비축제도를 시행한 후 매년 증가하는 거액의 토지출양금으로 인해 정부는 토지재정에 의지하게 되었다. 토지의 1급 개발권을 회수하면 토지를 숙지(熟地)[4]로 개발한 후 부가수익을 독점할 수 있고 토지비축제도 아래 토지공급은 경쟁이 없는 진공상태가 된다. 즉 토지비축센터를 제외하면 토지를 공급하는 다른 방식이 없어 토지공급시장의 독점이 더욱 심각해질 것이다.

토지의 1급 개발은 이익의 재분배이자 거액의 투자행위이기 때문에 사회갈등을 유발하고 투자리스크가 발생하기도 한다. 정부기관은 공정하고 공평한 관점에서 사회문제를 해결하고 '재판관'의 역할을 수행해야지 정부기관이 상업적 투자의 리스크를 책임지면 안 된다. 하지만 이익 앞에서 정부의 정체성은 이미 모호해졌다.

4. 글을 맺으며

상술한 내용을 종합하면 조정정책이 이번 토지시장 파동의 수급불균형을 초래한 주요 원인이었다. 그러나 조정정책이 가져온 충격과 정책이 장기간 실효성을 거두지 못한 결과 토지 거래의 불확실성이 증가되었고 시장의 각 참여자들에게 전략적 대치상태의 여지를 제공했다. 신중하고 보수적인 기업에 비해 정부는 적극적인 토지수익의 배분방안을 발표하지 않았고 중점도시의 모니터링 대상 지역의 건축연면적 대비 토지가격은 여전히 높았다. 시장프리미엄이 하락한 것은 입찰방식

---

4) 숙지(熟地): 토지를 수용해 이주를 마치고 기반시설을 구축해 바로 건설을 시작할 수 있는 준비를 마친 토지를 말한다.

의 행정적·제도적 규제에 의해서였고, 토지가격이 하락한 것은 외곽의 비인기 필지만 공급하고 인기구역은 묶여 있었기 때문에 시장의 진정한 수요가 억제됐기 때문이었다. 이로 인해 토지가 다시 풀렸을 때 기업의 토지 수요가 주택시장의 회복과 함께 일시적으로 폭발했고 '지왕(地王)'이 탄생했다. 토지시장에서 기존에 시행했던 입찰과 경매, 공시제도는 '지왕' 탄생의 직접적인 원인이 아니었던 것이다. 토지출양방식의 개혁 방식을 떠나 시장의 수급불균형 문제를 겨냥해 실질적인 공급을 확대하는 것이 가장 직접적이고 효과적인 해결책이다.

PART 3
금융 및 기업 편

2010년 주택대출정책 분석

2010년 부동산 개발산업 전환의 해

2010년 주택대출정책 분석

린동(林東)[1]

개요 2010년 부동산 조정정책을 집중적으로 발표하면서 부동산시장에는 전반적으로 정책효과가 가시적으로 나타났다. '차별화'와 '수요억제' 기조의 부동산 대출정책 아래 주택은 점차 소비적 속성을 회복하고 있다. 그러나 현행 제도는 아직 기존주택의 공급과 합리적인 실거주 수요까지 억제하는 문제가 있어 정책당국의 보완이 필요하다.

■ 키워드: 주택대출, 정책분석

적당히 완화된 통화정책 속에서 2010년 초 부동산시장 가격은 2009년의 상승세를 이어받아 지속적인 상승추세를 나타냈고, 시장에서의 거래량은 역대 최고기록을 경신했다. 주택시장의 과열과 업계의 리스크 누적을 우려한 정책당국은 시장 전망을 안정시키기 위해 토지와 세수, 대출정책, 행정수단 등 조정조치를 집중적으로 시행했고 긴축 강도를 강화했다. 그 가운데 주택구매자의 금융비용과 투자행위결정에 직접적으로 영향을 미치는 대출관련 정책의 조정은 투자와 투기수요를 억제하고 주택의 소비속성을 회복하는 데 크게 작용했다. 본문은 2010년 주택대출정책을 중점적으로 분석하고 현행 제도의 문제점과 개선 방향을 논의하고자 한다.

---

1) 중국농업은행 연구원

1. 정책 내용 회고

2010년 주택대출정책은 세 차례의 조정[2)]을 거쳐 '차별화'와 '수요억제' 기조를 유지했으며 다음과 같은 세 가지 특징을 보였다.

1) 정책 강도 지속적 강화

(1) 최초납입금 비율 상향

첫 번째 주택대출에 대해 2010년 4월 발표한 '국10조'는 건축면적이 90㎡ 이상인 주택대출의 최저 최초납입금 비율을 30%로 상향 조정했다. 9월 말에 발표한 '은7조'는 90㎡ 이하 주택대출의 최초납입금 비율을 20%로 우대했던 혜택을 취소하고 일괄적으로 최초납입금 비율을 30%까지 상향 조정했다. 두 번째 및 그 이상의 주택대출에 대해 '은7조'는 두 번째 주택의 최저 최초납입금 비율을 40%에서 50%로 올려 주택구매자의 레버리지 비율이 지속적으로 하락했다.

(2) 금리인상의 단행

중국 경제의 회복이 기정사실이 되자 12월 중국 공산당 정치국회의에서는 통화정책기조를 '적당한 완화'에서 '온건'으로 되돌리기로 결정했다. 2010년 12월 말 M2의 동기대비 증가율은 18.9%로 떨어졌고 2011년 신규대출계획이 감소할 것으로 계획되었다. 대출규모 축소의 영향으로 은행의 대출 결정에 관한 결정력이 커졌고 첫 번째 주택대출의 금리를 30% 인하해주던 혜택을 중단하기 시작했다. 또 일반적이던 15% 할인금리 역시 축소하여 대출을 받아 주택을 매입한 가구의 비용부담이 증가

---

2) 세 차례의 조정 문건은 각각 「국무원 판공청, 부동산시장의 안정적이고 건전한 발전에 관한 통지」(국판발[2010]4호, 이하 '국11조'), 「국무원, 일부 도시 부동산가격의 과도한 상승 억제에 관한 통지」(국발[2010]10호, 이하 '국10조), 「중국인민은행, 중국은행업감독관리위원회, 주택대출정책 차별화 관련 문제에 관한 통지」(은발[2010]275호, 이하 '은7조')

했다. 그렇게 되자 30% 할인 금리에서 기준금리까지 약 42.9%가 상승해 장기개인주택대출의 금리를 192bp(8차례 금리 인상) 인상한 결과에 해당했다. 두 번째 주택대출의 금리 하한선은 기준금리의 1.1배로 유지해 투자 및 투기수요에 기인한 주택구매수요를 억제했다. 또 인민은행은 3년 만에 금리를 인상해 10월 20일과 12월 26일 5년 이상 상업대출의 기준금리를 각각 25bp 인상해 금리는 다시 상승국면에 진입했다. 이로써 대출자들의 상환부담이 더욱 가중됐다.

(3) 처음으로 과도한 대출과 외지인의 주택매입 및 주택매입 자체를 제한했다(限貸, 限外, 限購)

세 번째 또는 그 이상의 주택을 매입하기 위해 대출을 받거나 1년 이상 현지 납세증명 또는 사회보장 납입증명을 할 수 없는 현지에 거주하지 않는 주민을 모두 대출 잠정중단 대상에 포함시켰다. 또 '국10조'는 지방정부가 실제 상황에 따라 임시조치를 취해 일정 기한 내에 주택구매 수량을 제한하도록 했다. 이러한 '3제한' 정책은 투자와 투기수요를 직접 겨냥한 조치였다.

2) 집행 기준의 세분화

6월 초 주택도농건설부는 인민은행과 은행감독위원회 공동으로 '1가구 2주택의 인정기준[3]'을 발표하고 상업은행으로 하여금 대출심사에서 반드시 신용조사시스템과 현지 부동산등기정보시스템을 종합적으로 조사해 대출신청 가구가 보유한 주택의 수량을 확정하도록 했다. 이러한 기준을 따라 대출기록이 없지만 가구 구성원 명의로 등기된 주택을 한 채(또는 그 이상) 보유하고 있거나 대출을 받아 주택을 매입한

3) 「상업성 개인주택대출 중 두번째 주택 인정 기준에 관한 통지」(건방[2010]83호), 주택 보유 여부와 함께 과거 주택대출 기록도 함께 심사

후 주택을 아직 매도하지 않은 구매자는 모두 1가구 2주택의 대출기준을 적용 받도록 하였다. 인정기준을 명확하게 규정해 각 상업은행의 조사 및 심사기준을 통일했으며 제도의 집행효과를 강화했다.

3) 제도체계의 완비

(1) 주거환경 개선을 위한 실거주 주택수요에 대한 우대정책 취소

지난 2008년부터 '개선형'이란 단어가 관련 정부 부서의 문건에 자주 등장했다. 하지만 공식 문건에서는 개선형 실거주 주택의 범위를 명확하게 정의하지 않아 각 상업은행은 시행 과정에서 상당한 차이를 보였고 1가구 2주택 정책의 효과가 기대에 미치지 못했다. '국11조' 정책을 시행하면서 1가구 2주택 대출에 대해 개선형 여부를 고려하지 않고 일괄적으로 높은 최초납입금 비율과 금리를 적용했다.

(2) 대출용도와 지급상황을 엄격하게 관리

부동산투기자가 주택담보 소비대출을 이용해 자동차나 인테리어, 고액의 내구성 소비재를 구매하는 '변칙적 주택구매대출' 행위를 단속하기 위해 각 상업은행은 대출의 용도관리를 강화하였다. 또 대출금 지급관리를 엄격하게 실시해 위탁지급방식으로 거액의 자금 흐름을 통제하고 비(非)부동산 대출자금이 부동산시장으로 흘러가는 것을 방지하도록 요구했다. 이를 통해 부동산 투기자의 '주택 매입－담보대출－주택 재매입－담보대출' 형태의 투기수법을 억제했다.

2. 정책효과 분석

'차별화'와 '수요억제'의 주택대출 조정정책을 시행한 후 2010년 부동산시장은 전반적으로 일부 긍정적인 변화가 나타났다. 이는 시장의 예측을 안정시키고 은행대출의 리스크가 과도하게 누적되는 현상을 방지하는 데 중요하게 작용했다.

1) 판매면적 증가율 둔화

2010년 전국의 주택 판매면적은 9억 3,100만m²로 2009년의 8억 5,200만m²보다 9.1% 증가했으나 2009년의 증가율 52.6%에는 크게 못 미쳤다. 이는 2001년 이후 판매면적 평균 증가율인 21.5%보다도 현저히 낮은 수치다(그림 1 참조).

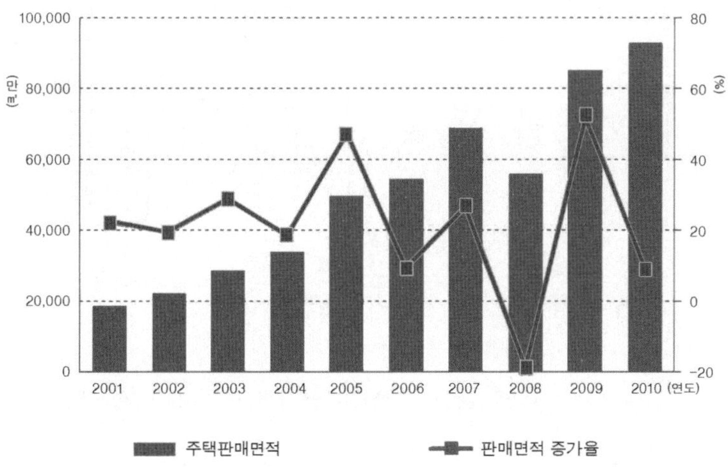

출처: 중국 경제망 통계데이터베이스

〈그림 1〉 2001~2010년 주택판매면적과 증가율

월별 현황을 보면 새로운 조정정책이 발표될 때마다 시장의 관망세가 팽배해져서 부동산시장은 일시적으로 거래가 위축되는 등 정책효과가 즉각적으로 나타났다. 예를 들어 4월 17일 '국10조'를 발표하자 5월 주택판매면적이 15.8% 감소했고, 6월에 1가구 2주택에 대한 인정기준을 발표한 후 7월과 8월 주택판매면적은 6월보다 각각 29.4%와 24.9% 감소했다. 2009년 같은 기간에 비해 5월부터 8월까지 주택판매면적의 전년 동기대비 증가율은 마이너스를 기록했고, 그 가운데 7월은 전년 동기대비 증가율이 -15.4%의 최저기록을 나타냈다(그림 2 참조).

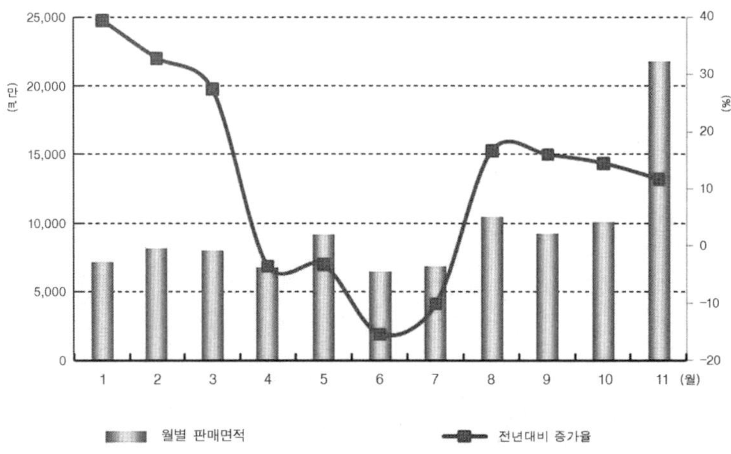

출처: 중국 경제망 통계 데이터베이스

〈그림 2〉 2010년 월별 주택판매면적과 동기대비 증가율

지역별 상황을 보면 조정정책의 영향력이 동부・중부・서부 지역에 따라 다르게 나타났다. 앞서 부동산가격의 상승 폭이 컸던 동부 지역 주택판매면적은 마이너스 증가율을 보여 상하이와 베이징은 감소폭이 30%를 초과했다. 반면 상대적으로 도시화 정도가 낮은 중부와 서부 지역 및 동북 3성의 주택판매면적은 전년 동기대비 증가율이 10% 이상을 기록했다(표 1 참조).

[표 1] 지역별 상품주택 판매면적 상황 비교

(단위: 만㎡, %)

구 분	2009년	2010년	동기대비 증가율	지역 점유율 변화
동부 지역	35,013.35	33,853.66	-3.3%	-4.7%
동북 3성	8,274.5	10,454.86	26.4%	1.5%
중부 지역	19,991.19	23,848.79	19.3%	2.2%
서부 지역	22,015.38	24,894.26	13.1%	0.9%

출처: 국가통계국

2) 주택가격 상승 폭 둔화

주택가격의 상승세가 조정국면에 진입했다. 4월 17일 '국10조'가 발표된 후 전국 70개 중대형 도시의 신규주택 판매가격의 동기대비지수는 연중 최고점인 115.4까지 도달한 후 매달 하락해 12월에는 연중 최저점인 107.6까지 떨어졌다. 신규주택 판매가격의 전월대비지수는 5월부터 안정되기 시작해 100~100.5 구간을 유지했다(그림 3 참조). 평균 판매가격을 살펴보면 2010년 평균 판매가격은 4,723.55위안/㎡으로 전년도에 비해 5.6% 상승했으나 상승 폭은 2009년보다 16.8%p 하락했다.

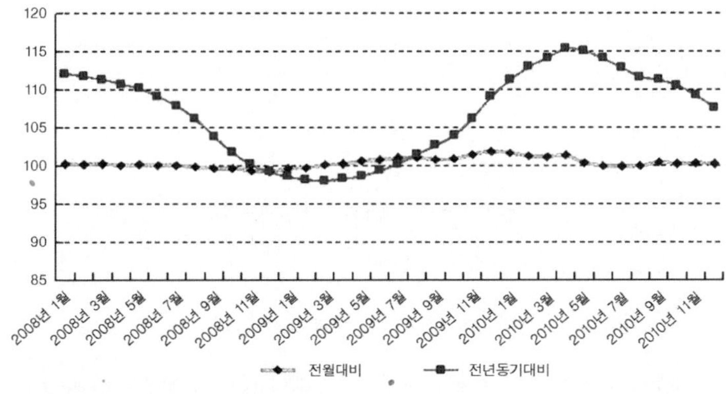

출처: 국가통계국

〈그림 3〉 신규주택 판매가격지수 추세

3) 금융 레버리지 비율 하락

주택대출 정책은 주택구매자 대출자금 획득의 편의성과 레버리지 규모 및 비용을 결정하고 부동산시장의 호황 정도에 큰 영향을 준다. 2010년 '수요억제'를 기조로 한 주택대출규제정책은 주택구매자의 금융 레버리지 이용을 일정 정도 억제했다. 먼저 첫 번째 주택과 두 번째 주택 대출의 최초납입금 비율이 모두 10% 상승했고 두 번째 주택의 대출금리가 10% 상승했으며 강력한 금리인상 기대 속에서 일부 주택매입자가 대출 비중을 낮춰 금리지출을 줄이기 시작했다. 또 대출제한정책의 영향으로 일부 현금동원력이 충분한 개선형 주택수요자들은 주택을 일시불로 구매했다. <그림 4>는 2010년 레버리지 비율 지수가 각각 0.05와 0.16 하락한 것은 주택매입자의 주택매입자금에서 자기자금 비율이 상승한 것을 보여준다. 이는 은행의 주택대출 리스크를 완화하는데 유리하게 작용할 것이다.

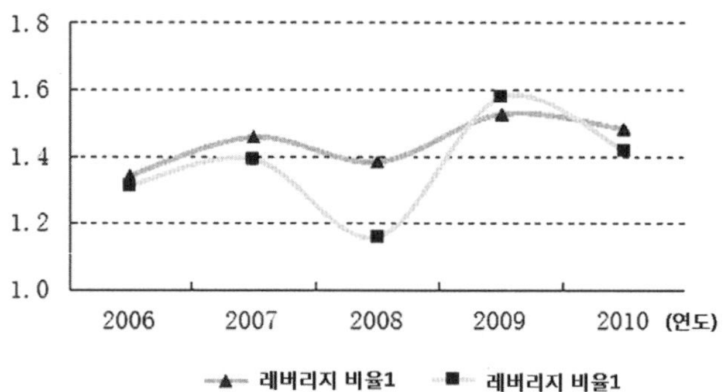

출처: wind, 국가통계국, 인민은행

〈그림 4〉 주택대출 업무의 금융 레버리지 비율 동향

주: 레버리지 비율 1 = (계약금 및 예수금 + 개인모기지대출금) / 계약금 및 예수금
레버리지 비율 2 = 주택판매금액 / 주택판매금액 – 개인주택 대출금액 증가분)

3. 문제점

성숙한 주택시장에서 주택의 필터링(housing filtering)은 보편적으로 존재하는 현상으로 주택의 분배와 사용효율 개선에 도움이 된다. 주택소비자가 자가소득의 증대와 가구 구성원의 증가 및 기존주택의 노후화로 인해 주도적으로 양호한 품질의 주택으로 바꾸면 기존의 주택은 기존주택시장에서 상대적으로 소득이 적은 소비자가 선택해 사회 전체가 일종의 계단식 소비모델을 형성하게 된다(그림 5 참조). 주택 여과과정의 관건은 기존주택의 회전과 원활함 여부에 달려 있다. 즉 소득이 높은 가구가 기존 주택을 시장에 공급하고 소득이 낮은 가구가 이를 인수할 여력이 있는지 여부에 달려 있는 것이다. 그러나 2010년 발표한 과도한 대출조정과 외지인의 주택매입 및 주택매입 자체를 제한하는(限貸,限外, 限購) '수요억제' 정책은 여과기능의 발휘를 저해했다.

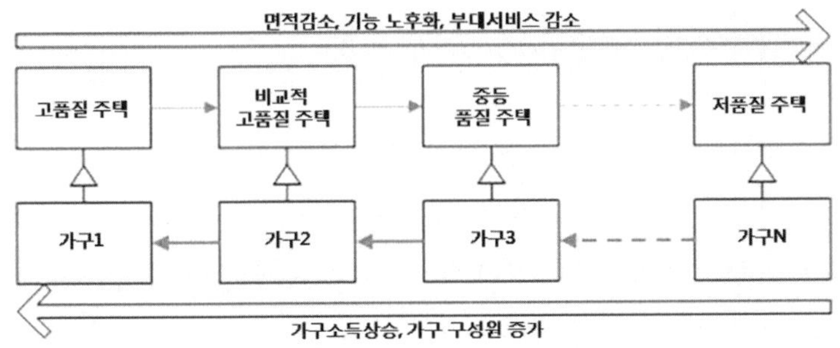

〈그림 5〉 주택의 여과과정과 계단식 소비모델

1) 기존주택 공급의 억제

현행 규제정책에서 '공급장려' 조치는 주로 신규보통상품주택과 보장성 주택 공급에 집중되어 있다. 하지만 매년 신규주택의 공급면적은 95억㎡ 규모의 도시 기존주택 면적4)에 비하면 일부분에 불과하다. 공급면적이 최고조에 이르렀던 2010년의 경우 부동산 개발회사들의 주택준공면적이 연말 도시 기존주택면적에서 차지하는 비율이 6.4%에 불과했다. 일정한 조치를 통해 비어 있는 기존주택이 시장에 진입하도록 촉진한다면 수급불균형 해결에 큰 도움이 될 것이다. 그런데 현행 주택대출정책은 기존주택의 공급을 제한하고 있어 기존주택 보유자는 현재 보유하고 있는 주택을 기존주택시장에 내놓을 의사나 여력이 없다. 우선 중국 현행의 '1가구 2주택 인정기준'을 적용하는 상황에서 개선수요가 있는 기존주택 보유자가 주택을 매도하고 싶어도 다시 대출을 받아 주택을 매입할 때 1가구 2주택 대출 가구에 포함되기 때문이며 일부 도시에서는 주택구매 제한대상에 포함되어 구매자격을 상실할 수도 있다. 둘째, 현재 인플레이션 압력이 강하기 때문에 주택이 실물자산으로서 가지는 가치보존 기능으로 인해 쉽게 현재 주택을 매도하려고 하지 않고 있다.

2) 일부 합리적인 실수요도 함께 피해

현행 주택대출정책에 따르면 보통 가구에서 두 번째 주택을 매입하려면 최초납입금 비율이 50% 이상이며 대출금리 역시 기준금리의 1.1배를 납부해야 하기 때문에 주택매입자의 자기자금비율과 금융비용이 급격히 상승했다. 1가구 2주택 인정기준을 적용하면 ' 세 번째 주택'은 대출을 받을 수 없거나 구매에 제한을 받는다. 때문에 일부 주거환경 개선형 실수요자들(작은 평수에서 큰 평수로, 먼 거리에서 가까운 거리로, 학교 선택 등 주거환경 개선 수요와 타지에서 취업을 하거나 철거로 인해 거주지를 변경하는 등 피동적인 수요)은 새로운 정책의 타격을 받게 된다. 결국 구매력이 저하나 매입 제한 등의 이유로 주택을 옮기려는

4) UBS증권의 추산에 따르면 중국 도시지역 기존주택면적은 95억㎡다. 「거시경제포커스: 중국의 주택가치」, 2011년 2월 22일자 참조

계획을 포기하게 될 것이다.

3) 주택소비 관념의 왜곡

최근 인민일보에서 주택구매자들이 주택소비 관념을 전환해서 "우선 임대주택으로 주거문제를 해결한 후 경제력을 키운 후 주택을 매입하고, 작은 평수에서 큰 평수로 옮기는" 이성적인 주택소비 관념을 수립할 것을 촉구하는 기사를 기재했다. 하지만 현행 주택대출 정책은 이러한 주택소비 관념 보급에 불리하다. 기존주택을 매도하고 신규주택을 매입하려면 매입자가 더 높은 최초납입금과 금리를 부담해야 하기 때문이다. 일부 주택매입 제약조건이 엄격한 지역에서는 교외지역의 주택을 먼저 매입하면 시내 중심가의 주택으로 옮길 자격을 잃게 되고 소형주택을 매입하면 중형 또는 대형 주택으로 매입할 자격을 상실하는 문제점이 나타났다. 현행 제도 속에서는 현재에 초과소비를 하더라도 높은 수익을 올리는 것을 기대하는 소비행위가 이성적인 선택이 되었다.

4. 제안

1) 장기적으로 주택구매 제한 정책을 지속해야 한다

주택은 소비와 투자의 이중성을 갖기 때문에 "인구는 많은데 쓸 수 있는 땅이 좁고" 토지공급이 비탄력적인 제한 속에서 국민의 합리적인 실거주 수요를 우선적으로 보장하고 소득수준 중간 이하 가구의 소비수요가 고소득가구의 투자수요에 의해 밀려나지 않도록 보호하는 정책을 장기적으로 견지해야 한다. 주택구매제한 정책은 국민의 기본적인 주거권과 주거환경을 개선하는 기반 위에서 투자와 투기수요를 정확하게 규제해야 한다. 또 주택이 주거의 속성을 회복하고 정부의 민생개선 의지에 부합해야 하며 부동산산업의 안정적이고 건전한 발전에 유리하게 작용해야 한다. 때문에 주택구매제한 정책을 장기적으로 지속해야 할 것이다.

2) 주택보유수량의 인정기준을 개선해야 한다

주택매입자의 주택매입을 지원하거나 제한할 때는 주택매입자가 속한 가구가 현재 보유하고 있는 주택의 수량, 즉 '주택보유'를 기준으로 삼아야 한다. 현재 대출경력을 포함하는 기준에서 대출경력을 포함하지 않는 1가구 2주택 인정기준(認房不認貸)으로 전환한다면 투자와 투기 수요를 억제하면서도 합리적인 주거환경 개선 수요까지 억제하는 부작용을 막아 효율과 형평성을 함께 고려할 수 있다. 둘째 대출경력을 포함하지 않는 1가구 2주택인정기준(認房不認貸)은 주택 여과과정의 효율을 높여준다. 이 기준을 적용하면 주택을 옮기거나 주거환경을 개선하고 싶은 구매자가 주택 매입자격에 대한 우려 없이 더욱 훌륭한 품질의 주택으로 옮기고 기존에 보유하던 주택을 기존주택시장에 공급하도록 해준다. 기존주택 공급이 많아지면 주택매입자들의 선택의 여지가 넓어져 현재 심각한 수급불균형 문제를 완화시킬 수 있다. 때문에 주택매입이나 주택대출을 제한하는 정책에서 주택의 보유수량을 인정할 때 '주택보유수량'을 기준으로 삼고 매입자가 주택을 신규로 매입할 때 자기 명의로 된 주택이 없거나 기존의 명의로 되어 있던 주택을 매도했을 경우 첫 번째 주택으로 인정해 우선적으로 지원하는 방안을 제안한다.

물론 "대출경력을 포함하지 않는 1가구 2주택 인정기준(認房不認貸)"의 전제조건은 기존주택의 재산권 정보를 완벽하게 갖추는 것이다. 정보가 정확해야 효과적으로 수요를 분별할 수 있다. 다행히 주택도농

건설부는 도시지역 주택등기정보시스템 구축을 주요 업무로 설정해 2010년 말까지 행정단위 구(區)를 보유한 시에서 기본적으로 주택정보시스템을 구축하도록 요구했다.

3) 차별화된 대출지원을 지속해야 한다

주택매입을 제한하는 정책을 지속하는 한편 차별화된 주택대출 지원 정책을 지속적으로 시행해 국민들이 합리적인 주택소비 관념을 형성하도록 유도해야 한다. 생애 최초로 주택을 매입하는 실주거 수요에 대해 선수금 비율이나 대출금리 우대를 통해 대출을 지원해야 한다. 또 기존 주택을 먼저 매도한 후 새로운 주택을 매입하는 개선형 수요에 대해 상업은행은 적시에 '브릿지론(bridge loan)' 등 신상품을 출시해 주택매입자를 지원해야 한다. 그리고 신규주택을 매입하고 기존주택을 매도하지 않는 투자 수요에 대해서는 선수금 비율을 큰 폭으로 늘려 매입자의 레버리지 비율을 낮추고 금리를 대폭 인상해 대출비용을 늘려 투자수요를 억제해야 할 것이다.

5. 글을 맺으며

주택의 수급불균형은 급속한 도시화 과정에서 중국이 직면한 중대한 도전이다. 단기간 내에 신규 공급을 확보하지 못하는 상황에서 과도한 대출과 외지인의 주택매입 및 주택매입 자체 제한(限貸, 限外, 限購)을 통해 투자와 투기수요를 억제하는 정책을 장기적으로 실시하여 주택의 소비 속성을 회복시켜야 한다. 이와 함께 정책당국은 금융과 세수 등 제도를 통해 기존주택이 주택시장에 공급되도록 유도해야 하며, 분양된 후 비어 있는 유휴주택들이 더 많이 기존 주택시장에 나와 공급부족

현상을 완화시키도록 해야 한다. 두 가지 분야를 동시에 고려해야 최종적으로 수급 물량을 일치시키고 가격을 안정시키려는 조정목표를 달성해 부동산 산업의 장기적이고 건전한 발전을 촉진할 수 있을 것이다.

2010년 부동산 개발산업 전환의 해

왕난(王楠)[5]

개요 2010년은 중국 개발산업 역사상 기념비적인 의미가 있는 해였다. 정부의 거시경제정책과 인구성장구조 및 개발산업 발전 단계의 변화로 인해 2010년에 부동산 개발사들은 전략적 방향과 경영방식을 조정했다. 이런 전환은 향후 5년 또는 더 오랜 기간 동안 개발산업 발전에 지대한 영향을 미칠 것이다.

■ 키워드: 유동성 회수, 자금조달, 자산부채비율

1. 들어가며

한 해를 마무리하는 연말을 맞이하면 지난 한 해 동안 업계의 각종 변화와 그 원인을 돌아보고 이에 기반하여 향후 예측과 판단을 내리게 된다. 2010년은 중국 부동산산업 역사상 기념비적인 의미를 가진 해였다. 경제위기의 그림자에서 완전히 벗어나지 못한 선진국과 신흥국의 경제와 통화정책이 분화되기 시작했고 선진국에서 실시한 '양적 완화' 정책으로 거액의 국제 핫머니가 신흥 개도국으로 집중됐다. 중국은 경제성장률을 회복했지만 곧 인플레이션에 직면했다. 주택시장은 행정수단을 특징으로 하는 소위 '가장 엄격한' 조정정책을 맞이했고, 중국의 주택시스템은 다시 한 번 보장성 주택과 상품주택을 병행하는 이중체제로 돌아갔다.

중국의 부동산 개발산업은 2010년 전에 없던 복잡한 환경에 직면했고

---

5) 화가오라이스(華高萊斯) 국제부동산컨설팅(베이징)유한공사, 부동산연구센터 매니저

부동산 개발과 국제금융정세, 국내경제 현황과의 관계는 더욱 복잡하게 얽혔다. 산업환경의 현격한 변화와 큰 폭의 변동으로 인해 지난 20년 동안 고속발전을 구가해온 중국 부동산 개발기업은 전략과 발전모델을 조정해야 했다. 또 미래의 전략적 목표를 명확하게 설정하고 지속적으로 성장할 수 있는 새로운 수익모델을 찾아 자신의 핵심경쟁력을 확립하며 자금조달경로와 체계를 모색해야 했다. 이것은 장기적인 안목을 가진 기업이라면 피할 수 없는 과정이 되었다.

2. 외부금융환경: 고(高)유동성 속에서 유동성 회수의 해

2009년 말부터 중국 정부는 의도적으로 정부의 투자규모와 통화유통량을 조정했지만 중앙정부가 실시한 4조 위안 규모의 경기부양책과 이에 동반한 지방정부의 투자프로젝트 및 후속투자가 이루어지면서 2010년 한 해 동안 중국의 대출규모는 높은 편이었다. 1월부터 11월까지 신규 위안화 대출은 7조 4,428억 위안을 기록해 연초에 제정했던 한 해 목표인 7조 5천만 위안을 이미 달성하여 신규대출 총액이 계획했던 규모를 초과하였다. 이와 함께 광의의 통화 M2는 1월부터 11월까지 월 평균 증가율이 20.87%에 달해 당초 목표였던 17%를 초과했다.

이처럼 국내 유동성이 높은 상황에서 2010년 중국은 해외 핫머니의 압력에 시달렸다. 유럽과 미국, 일본 등 기존의 선진국들이 경기부양을 위해 양적 완화 기조의 통화정책을 견지해 저금리를 유지하는 한편 대량의 통화를 찍어냈다. 반면 위안화 절상 기대와 국내 금리인상 주기에 대한 예측으로 인해 중국은 해외자금의 목표가 되었다. 중앙정부가 엄격하게 자본항목을 관리하고 감시했지만 해외자금은 직접투자와 펀드, 해외채권 등 각종 경로를 통해 국내로 유입됐고 국내 유동성 증가에 큰 영향을 주었다.

이에 따라 2010년은 중국에게 있어 고(高)유동성의 해였다. 특히 해외에서 유동성이 유입되면서 중국의 유동성 관리 특히, 자산형 상품시장 관리의 어려움을 가중됐고 중국 경제 발전의 불확실성을 가져왔다.

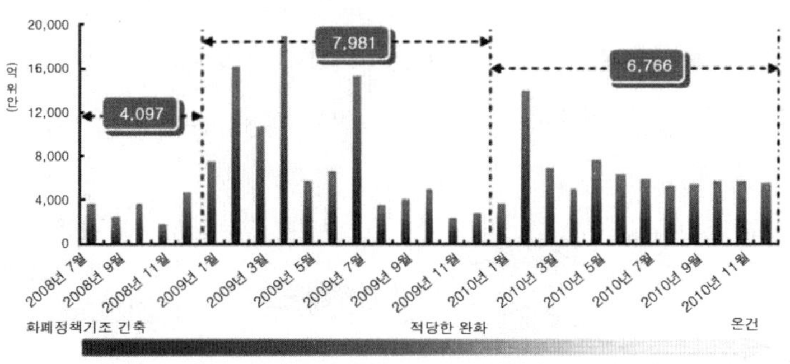

출처: 국가통계국

〈그림 1〉 2008~2010년 월별 신규 위안화 대출 현황

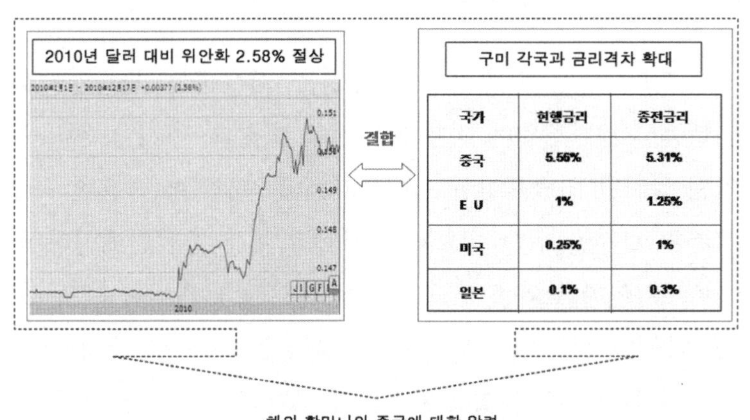

국가	현행금리	종전금리
중국	5.56%	5.31%
E U	1%	1.25%
미국	0.25%	1%
일본	0.1%	0.3%

〈그림 2〉 해외 핫머니 유입 원인

높은 유동성과 이에 수반된 인플레이션기대가 날로 고조되는 상황에서 중앙정부는 유동성을 회수하기 시작했다. 연내에 6차례에 거쳐 지급준비율을 인상했고 10월과 12월 두 차례 금리를 인상했다. 또 지방정부의 자금융자 플랫폼 작용을 하는 기업[6]들을 정비했고 국민들의 합리적인 주택대출을 보장하는 동시에 투기를 억제하는 차별적인 대출정책을 실시해 대출규모를 통제했다. 광의의 통화공급량 M2는 2009년 9월 이후 하강국면에 진입했고 연말에 열린 경제회의에서 통화정책의 기조를 최근 2년 동안 지속했던 적당한 완화에서 온건으로 조정했다.

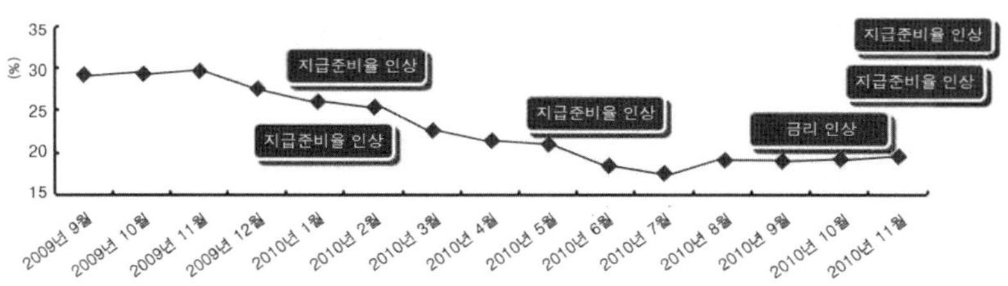

출처: 중화인민공화국 통계국

〈그림 3〉 2010년 M2 추세 및 화폐정책의 조정

이러한 고(高)유동성 속에서 유동성을 회수하는 거시경제환경은 2010년 부동산 개발산업에 지대한 영향을 미쳤다. 먼저 높은 유동성과 그로 인해 일어난 인플레이션 기대심리는 분양시장에 충분한 자금지원과 자산가치 보전을 위한 수요를 가져왔고 이는 주택판매시장에 대한 규제정책으로 인한 효과를 어느 정도 상쇄시켰다. 또 이는 부동산 조정의 주요 대상인 1급 도시의 주택가격이 상대적으로 안정적인 선에 머물 수 있도록 지탱하였고, 2, 3급 도시의 거래량이 증가하도록 뒷받침했으며 거시경제 조정 후 일어났던 업계 발전에 대한 비관적인 예측을

6) '지방정부의 자금조달 플랫폼 기업'이란 지방정부와 관련된 기관이 토지와 자금 등을 담보로 은행으로부터 대출을 받거나 채권을 발행해 자금을 조달할 경우 정부가 투자하는 사업의 운영을 담당하는 기업을 말한다.

바꿔 놓았다.

둘째, 유동성 회수는 은행대출과 자본시장, 신탁 등 기존의 자금조달 경로를 경색시켰고, 대신 해외 핫머니가 유입되자 국내 개발사들에게 새로운 자금조달방식을 제공했다. 이런 조달방식의 전환으로 인해 개발사들은 2010년에도 안정적으로 자금을 조달했고, 중국 부동산기업은 자금조달체계를 조정하고 새롭게 구축했다.

3. 자금 상황: 국내 대출과 개인주택 매입자금의 증가 둔화, 기존 자금조달 경로의 위축

2010년 1월에서 11월까지 부동산 개발사들의 자금총액은 6조 3,220억 위안에 달해 작년 동기대비 31.2% 증가했고 전년도 한 해 전체의 금액 5조 7,128억 위안보다 10% 이상 늘었다. 2010년 전체 개발자금 규모는 동기 대비 20% 이상 증가한 것으로 보인다. 총량 측면에서 보면 2009년 말 증가율 44.2%에 비해 증가율은 현저하게 하락했다.

특히 2010년 많은 개발사들이 신규착공과 시공면적, 토지비축을 늘린 상황에서 20% 수준의 증가율은 업계 내 규모의 성장에 필요한 수요를 만족시키기 어려울 것이다. 이와 함께 자금의 구조를 보면 국내 대출의 증가율은 2009년의 48.5%에서 25%로 떨어졌고 계약금과 개인주택 대출로 구성된 기타 자금의 증가율 역시 72%에서 20%로 하락했다. 두 가지 대표적인 개발자금원이 모두 뒷심이 부족했던 것이다. 정부의 정책조정 후 업계 대출자금 및 시장 거래량에 대한 통제가 가시화되었다. 이것은 개발업계의 레버리지 비율이 줄어들고 부동산 개발이 '맨주먹으로 떼돈을 벌던(空手套白狼)' 시대가 끝난 현실을 말해준다.

부동산 개발사의 자금조달 활동 역시 비슷한 양상을 보였다. 2009년 은행대출과 IPO, 신주 발행, 증자, 회사채 등 다양한 방식이 동시에

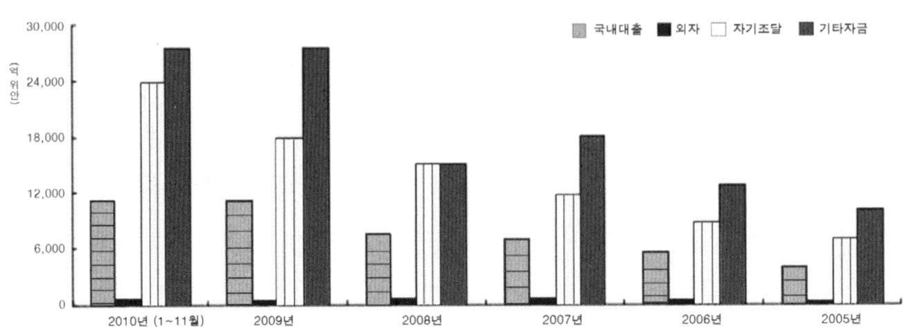

출처: 중화인민공화국 통계국

〈그림 4〉 2005~2010년 중국 부동산 개발자금 구조와 비율

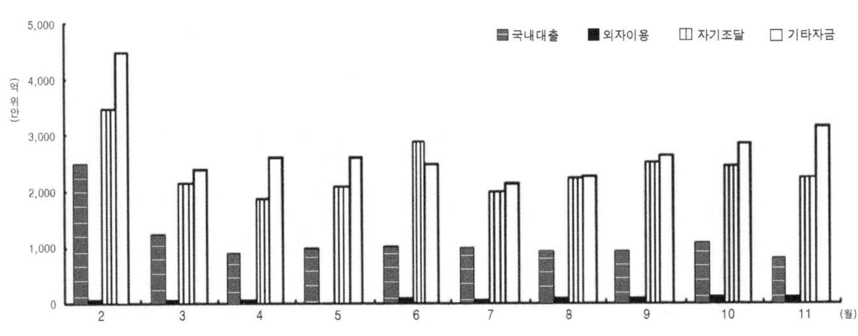

출처: 중화인민공화국 통계국

〈그림 5〉 2010년 중국 부동산 개발 자금원

성황을 이루던 장면은 다시 연출되지 않았다. 자본시장에서는 룽촹(融創)과 중쥔즈예(中駿置業) 두 회사가 홍콩에서 IPO를 마쳤지만 자금조달 규모는 예상보다 적었다. 창자(長甲)와 싱허완(星河灣), 타이구(太古)의 홍콩 IPO 계획은 모두 연기됐다. A주 시장도 부동산업 기업에 대한 자금조달기능을 상실해 자오상(招商)과 스마오(世茂), 화예(華業) 등 60여 개 기업의 자금조달 계획이 연기되거나 무산됐다. 채권시장의 경우 일정 규모 이상 금융기관의 수신(授信)은 손에 꼽을 정도였고

회사채 역시 자취를 감춰 2010년 부동산 개발사의 자기조달자금을 위한 외부금융환경은 다시 악화됐다.

자금조달을 성공적으로 완수한 부동산 개발사들이 선택한 자금조달 경로를 통해 알 수 있듯이, 기존의 은행대출과 IPO, 우회상장, 신주발행과 증자 등의 방법이 부족해지자 신탁이 A주 시장에 상장한 부동산 개발사들의 또 다른 대안이 되었다. 중국 신탁업협회가 발표한 자료에 따르면 2010년 1분기부터 3분기까지 신규 부동산 신탁이 1,044억 5,500만 위안이 증가했다. 신탁이 중소기업이나 프로젝트 파이낸싱을 보충하는 역할에서 벗어나 상장기업의 중요한 자금원이 된 것이다. 반면 H주 시장에 상장한 개발사들에게 2010년은 해외 자금조달 플랫폼을 개척해 금융혁신을 실현한 전환점이 되었다. 대량의 해외 핫머니가 집중되고 해외 투자자들이 중국 부동산산업의 전망을 계속해서 낙관적으로 예측하자 2010년에 해외투자자금이 이례적으로 중국 부동산 개발사를 향해 문호를 열었다. 펀드와 어음, 채권, 은행 수신(銀行授信), 예금증서(存托凭証) 등 풍부한 혁신적인 금융수단이 대규모로 중국의 상장 개발사에 진입하면서 개발사의 자금을 지원하는 중요한 기반이 되었다.

은행대출과 자본시장의 위축은 물론 신탁과 해외 자금조달의 발전은 중국 부동산산업 발전에 중요한 의미를 갖는다. 지난 20년 넘도록 국내은행 신용대출에 의지했던 고(高)레버리지 방식이 쇠퇴하고 새로운 형태의 자금조달 체계가 형성되고 있으며 새로운 업계 발전전략과 발전방식의 출현을 의미하기 때문이다.

[표 1] 2010년 개발사 자금조달 활동 일람표

국내 자금조달				해외 자금조달			
기업	자금조달 방식	자금조달 금액	시기	기업	자금조달 방식	자금조달 금액	시기
톈팡 (天房)	채권	8억RMB	3월	헝다 (恒大)	선순위채	7.5억 달러	1월
위안양타이구 (遠洋太古)	신디케이트론	25억RMB	3월	진디 (金地)	펀드모집	1억 달러	1월
윈난청터우 (雲南城投)	은행수신	180억RMB	3월	헝다 (恒大)	선순위채	6억 달러	4월
바오리 (保利)	사모발행	96억RMB	4월	비귀이위안 (碧桂園)	선순위채	5.5억 달러	4월
난궈즈예 (南國置業)	신탁	3억RMB	5월	야쥐러 (雅居樂)	선순위채	5억 달러	4월
스마오 (世茂)	신탁	6.03억 RMB	5월	룽후 (龍湖)	해외 신디케이트론	7.59억 달러	6월
중화기업 (中華企業)	신탁	13.5억 RMB	5월	화차오청 (華僑城)	증자	7.59억 달러	6월
푸싱 (福星股分)	신탁	10억 RMB	6월	위안양 (遠洋)	전환사채	9억 달러	7월
중국철건 (中國鐵建)	사모발행	RMB	6월	화룬즈디 (華潤置地)	해외 신디케이트론	8억 달러	9월
상스 (上實)	신탁	10억RMB	6월	허난건업 (河南建業)	선순위채	3억 달러	10월
완커 (萬科)	은행수신	80억RMB	6월	화양옌 (花樣年)	대만주식예탁증서(TDR)	3.06억 홍콩달러	11월
중국항공 (中航)	신탁	4.6억RMB	7월	다허상업 (大合商業)	선순위채	3억 달러	11월
중화기업 (中華企業)	신탁	7억RMB	9월	중하이 (中海)	달러채권	5억 달러	11월
허징타이푸 (合景泰富)	신탁	9억RMB	9월	바오룽 (寶龍)	선순위채	3억 달러	9월
서우카이 (首開)	신탁	5억RMB	11월	스마오 (世茂)	선순위채	5억 달러	7월
완퉁 (萬通)	신탁	50억RMB	11월	헝성 (恒盛)	선순위채	3억 달러	10월

4. 개발사의 자금 체계: 단기유동성 축소, 장기부채 압력 증가

2010년 부동산 개발사들은 자금조달의 어려움에 직면했지만 분양시장 특히 2, 3급 도시의 주택판매시장이 도약하여 개발사들의 판매실적은 양호한 편이었다. 기업들은 대부분 11월에 한 해 전체 분양계획을 달성했고, 완커(萬科)는 가장 먼저 분양금액 천억 위안을 돌파한 기업이 되었다. 재무수치를 봐도 상장된 부동산 개발사들이 보유한 11월 현금잔액이 2009년 말 수준을 초과했다. 때문에 현금비율과 순부채율 등 중단기 유동성 지표가 2009년보다 약간 악화됐지만 2008년과 비교하면 큰 폭으로 개선된 수준이다. 업계의 단기 유동성이 긴축 추세를 보이기 시작했지만 전체적인 재무 레버리지는 여유로운 상황이다.

중단기 상환능력이 상대적으로 낙관적인데 비해 개발사들의 장기부채능력지표인 자산부채비율은 확연하게 상승세를 보였다. 완커(萬科)와 바오리(保利), 진디(金地), 자오상(招商) 등 4개 기업을 예로 들면 자산부채비율이 2009년보다 상승했을 뿐 아니라 2008년 경제위기 때 수준을 추월했다. 완커와 자오상은 연내에 각각 100억과 80억 규모의 신주발행계획을 포기했고 주식을 통한 자본조달의 감소는 부채를 통한 자본조달이 자산구조에서 차지하는 비중이 상승시켰다. 게다가 기존의 신규 대출로 기존 대출을 상환하던 방식은 더욱 많은 리스크를 장래 경영에 전가했다. 시장이 호황일 때는 내부적으로 회전이 가능하지만 분양시장에 변화가 나타나면 누적된 리스크가 폭발할 것이다.

일련의 분석을 통해 2010년은 거시경제조건이나 업계의 발전환경은 물론 기업의 내부 재무상황 모두 새로운 불확실성의 상태에 직면했다. 높은 유동성과 유동성 회수, 기존 자금조달경로의 긴축과 새로운 자금조달 수단의 발전, 풍부한 단기통화자금과 장기 재무 레버리지의 부족 등은 향후 중국 부동산 개발산업의 불확실성과 리스크를 가중시켰다.

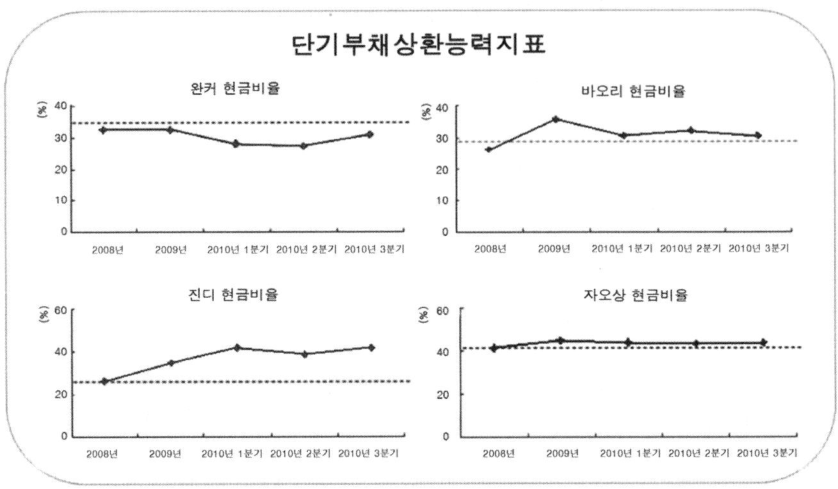

출처: 기업공개데이터

〈그림 6〉 완커(萬科), 바오리(保利), 진디(金地), 자오상(招商)의 현금 비율

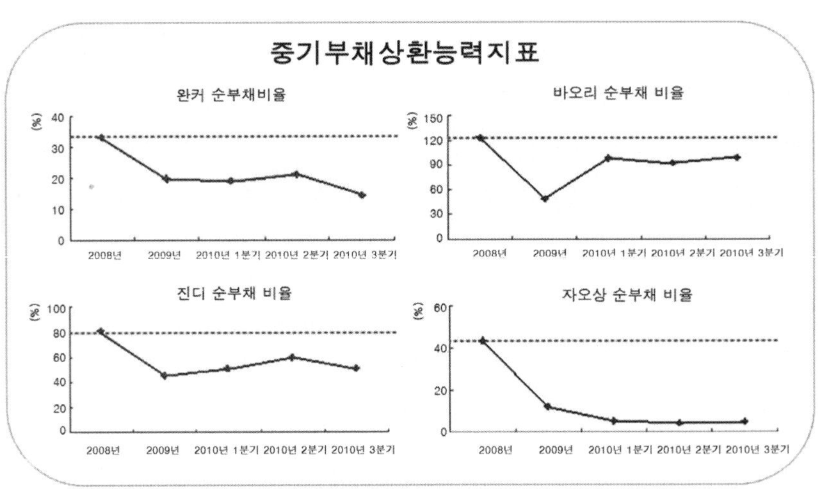

출처: 기업공개데이터

〈그림 7〉 완커, 바오리, 진디, 자오상 순부채 비율

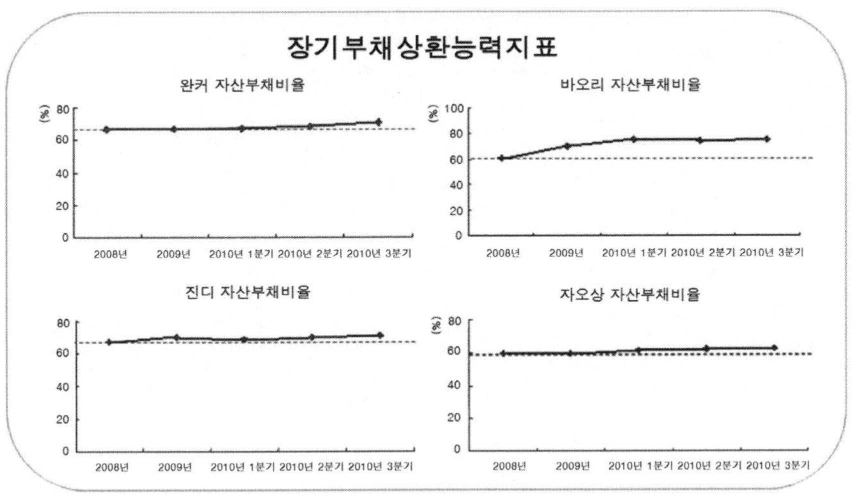

출처: 기업공개데이터

〈그림 8〉 완커(萬科), 바오리(保利), 진디(金地), 자오상(招商) 자산부채 비율

5. 글을 맺으며

2010년은 중국 부동산 개발사에게 의미가 남다른 한 해였다. 국내외 경제환경의 복잡한 변화로 인해 정부는 업계를 엄격하고 집중적으로 조정했고 시장은 다시 '보이는 손'에 들어갔다. 단기적 시장의 변동에 대응해 현금의 흐름을 안정시키고 지속적이고 안정적인 경영을 보장하는 것이 모든 개발사의 필연적인 선택이 되었다. 한편 중국의 부동산시장과 도시화 수준이 지난 10년 동안 빠른 발전을 거친 후 전환단계에 접어들었다. 시장의 도시구조, 고객의 구조 및 고객의 수요 모두 변하기 시작해 앞으로 10년 동안 필요한 성장의 동력과 수익을 발생시켜 줄 엔진을 찾아야 했다. 이를 통해 향후 지속적인 성장을 준비하고 초석을 마련하는 것은 지속적인 발전을 추구하는 개발사의 공통 과제가 되었다.

PART 4

시장 편

2010년 주택시장 추세 분석과 2011년 예측

중국 상업용 부동산 발전 회고

환율과 중국 주택가격 간의 관계

2010년 주택시장 추세 분석과 2011년 예측

리우린(劉琳), 런롱롱(任榮榮)[1]

개요 2010년 주택시장의 발전 추세는 상대적으로 안정적인 모습을 보였다. 상품주택 관련 각 건설지표는 전년대비 상승하였다. 주택신규 착공면적 증가율도 최근 가장 높은 수준을 보였고 상품주택 투자의 2010년 한 해 동안의 상승률은 32.9%에 달했다. 상품주택 판매면적의 증가 폭은 다소 감소하여 한 해 동안의 판매면적 증가율은 8%였다. 주택가격은 상승했지만 상승 폭은 감소하였고, 임대료와 주거용지 가격은 비교적 빠른 상승이 나타났다. 2011년 주택판매면적과 주택개발투자는 전년대비 증가 추세를 나타낼 것으로 예상되며 주택가격은 기본적으로 크게 움직이지 않을 것으로 예상된다. 또한 긴축정책의 영향으로 단기적으로 주택가격의 변동현상이 나타날 것이다.

■ 키워드: 주택시장, 가격, 예측

1. 거시배경

1) 거시조정정책의 쟁점은 성장보장과 물가통제에 있었고 부동산 조정정책은 엄격했음

2010년 거시정책의 주요 임무는 경제의 안정적 성장보장과 경제구조 조정, 물가상승 예측관리 간의 관계를 잘 조정하는 것에 있었고, 거시정책의 기조는 적극적인 재정정책과 적절히 완화된 통화정책이 구사되었

---

1) 리우린, 런롱롱: 국가발전개혁위원회 투자연구소 연구원

다. 12월 말 M2 잔여액은 72조 6천억 위안으로 전년대비 19.7% 증가하였고, M1 잔여액은 26조 7천억 위안으로 21.2% 증가하였다. 그리고 M0의 경우 잔여액이 4조 5천억 위안으로 16.7% 증가하였다. 금융기관 위안화 대출잔여액은 47조 9천억 위안으로 연초보다 7조 9천억 위안 증가하여 대출자금은 전체적으로 충분했다. 동시에 중앙은행에서는 유동성에 대한 관리를 실시하여 연 내 6차례에 걸친 지준율 인상과 2차례에 걸친 금리인상을 단행했다.

2010년 부동산시장은 긴축된 조정정책 환경 아래서 운영되었다. 국무원에서는 3차례에 걸쳐 조정정책을 발표하여 공급 증가, 투기 억제, 관리감독 강화, 보장성 주택건설 확대 등을 위주로 하여 일부 도시에서 나타난 주택가격 급등문제를 해결하려고 하였다. 국토자원부에서는 문건을 하달하여 보장성 주택 건설용지의 유효공급을 증가할 것과 토지개발이용의 효율성을 제고할 것을 요구하였다. 부동산 관련 각 부 위원회에서는 지속적으로 정책조치들을 내놓아 차별화된 대출정책과 세수정책을 통해서 주택투기를 억제하고자 하였고, 16개 도시정부에서는 주택구매 제한조치를 내놓았다. 주택건설부에는 통지를 발표하여 상품주택 예비판매제도를 완비할 것과 부동산 시장질서의 정돈 및 규범을 요구하였다. 또한 주택 및 도농건설부에서는 중국 각 지역 성, 자치구, 직할시 인민정부 및 신장(新疆)생산건설병단과 2010년 주택보장업무 책임에 관한 문서계약 체결을 통하여 2010년 보장성 주택 건설 임무를 완성할 것을 요구하였다. 구체적으로는 2010년 각 유형 보장성 주택과 천막촌 개량주택 580만 채와 농촌주택 개량사업의 주택 120만 채를 건설할 것을 요구하였다.

2) 2010년 국민경제 안정적인 빠른 성장, 물가상승 압력 상승

국민경제는 지속적으로 비교적 빠른 성장을 지속하였다. 2010년 1분기 GDP 증가율은 11.9%에 달했고, 그 후 2개 분기에서는 증가율이 점차 하락하여, 한 해 동안의 GDP 증가율은 전년보다 1.1%p 상승한 10.3%를 기록했다. 국민경제의 회복세가 나타났지만, 국내외의 발전환경이 점차 복잡해지고 불확실성이 증가하면서 경제 발전은 많은 어려움과 도전이 직면하여, 경제회복의 기초가 여전히 불안정하다. 구체적으로는 투자자극정책이 명확하게 약해져서, 2010년 사회고정자산 투자는 전년대비 23.8% 증가하였으나 증가 폭은 6.2%P 하락했고, 소비가 비교적 빠른 증가를 유지했지만 실질적 증가속도는 2009년보다 다소 둔화되었다. 대외무역은 회복적인 증가 추세가 나타나기는 했지만, 무역흑자는 전년보다 감소하였다.

인플레이션 압력은 점차 높아졌다. 2010년 소비자가격지수는 전년대비 3.3% 상승하였다. 전반기의 CPI는 2.57%였고 후반기의 CPI는 4.1%로 후반기로 갈수록 높아지는 추세를 보였다. 분기별로 보면 1~4분기까지의 분기별 CPI 전년대비 상승률은 2.2%, 2.9%, 3.5%, 4.7%였다. 10월 이후 CPI는 비교적 높은 수준에서 움직여서 10월은 4.4%, 11월은 5.1%, 12월은 4.6%를 기록했다.

도시 및 농촌주민소득은 안정적인 증가를 보였고, 농촌주민소득이 도시주민소득보다 빠르게 증가했다. 2010년 한 해 도시주민가정 1인당 평균 총 소득은 21,033위안으로 전년대비 11.5% 증가했다. 그 중 도시주민 1인당 가처분소득은 19,109위안으로 11.3% 증가했다. 가격요소를 배제한 실질적 증가율은 7.8%였다. 농촌주민 1인당 순소득은 5,919위안으로 14.9% 증가했으며 실질증가율은 10.9%였다.

3) 2011년 긴축적인 통화정책, 부동산 조정정책의 지속적 실시

2010년 중앙경제공작회의에서는 2011년 거시경제정책의 기본기조를 적극적인 안정과 신중한 융통성으로 제시하였다. 정책의 중점은 경제의 안정적인 지속적 성장과 경제구조조정 그리고 물가관리 간의 관계에 있어서의 적절한 조화를 유지하는 것이었다. 경제구조의 전략적 조정 가속화와 물가수준의 안정을 가장 중요한 임무로 규정하여, 경제 발전의 조화성, 지속가능성 그리고 내생동력을 강화하고자 하였다.

정책결정권을 가진 고위층이 나타낸 여러 차례의 태도표현으로 보면 2011년 부동산시장에 대한 조정은 더욱 엄격해질 것으로 보인다. 2010년 11월 30일 중국공산당 중앙이 중난하이(中南海)에서 개최한 당외 인사와의 좌담회에서 후진타오 총서기는 분명한 태도로 보장성 주택 건설을 가속화하고 부동산시장 조정을 강화할 것을 제시하였다. 2010년 12월 26일 원자바오 총리는 한 매체방송에서 주택가격을 합리적 수준으로 회귀시킬 자신감을 표현하였다.

2. 2010년 주택시장 운영 상황

경제가 안정적인 회복세를 보이면서도 인플레이션 압력이 증가하면서, 부동산 시장의 환경은 비교적 강력한 긴축정책 하에서 운영되었지만 2010년 주택시장은 상대적으로 안정적인 추세를 보였다. 전체적으로 보면 2010년 전국 주택시장 공급은 비교적 빠르게 증가하였고, 수요 증가는 감소하였다. 주택가격은 여전히 상승했지만 상승 폭은 감소하였고, 주택임대가격과 주거용지가격은 비교적 빠른 상승을 하였다.

1) 상품주택 관련 건설지표 수치의 전년대비 증가

2005~2009년까지 상품주택 관련 건설지표는 전체적으로 증가추세를 보였다. 상품주택 시공면적과 신규착공면적, 준공면적의 연평균 증가율은 각각 18.4%, 14.4%, 9.6%였다 2010년 한 해 동안의 상품주택

시공면적과 신규착공면적, 준공면적은 각각 31.5억㎡, 12.9억㎡, 6.1억㎡으로 각각 25.3%, 38.3%, 2.7% 증가했다. 그 중 시공면적과 신규착공면적 증가 폭은 각각 전년도에 비해 12.8%p와 28.3%p 증가했고, 준공면적 증가 폭은 3.5%p 감소했다. 2010년 건설지표의 월별 수치로 보면 8월 이후 상품주택 신규착공면적의 전전대비 증가 폭은 점차 감소했다(그림 1).

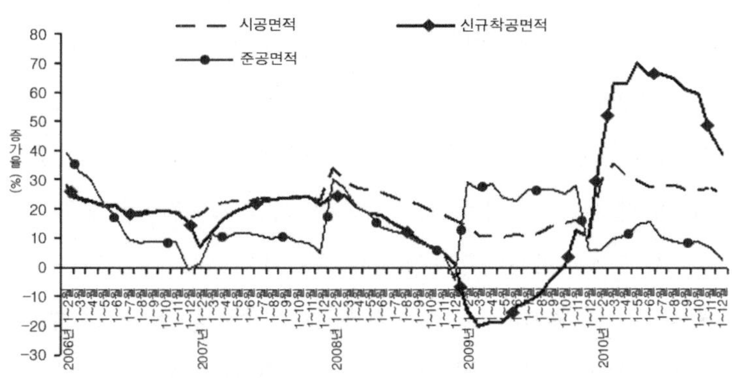

출처: 국가통계국

〈그림 1〉 최근 몇 년간 상품주택 건설지표 변화 추세

동부 · 중부 · 서부지역의 상품주택 신규착공면적 증가 폭은 모두 증가했고 그 중 동부지역의 증가 폭이 가장 컸다. 2010년 동부지역 상품주택 신규착공면적은 전년대비 44.1% 증가했고 증가 폭은 38.6%p 증가했으며, 중부지역 상품주택 신규착공면적 전년대비 증가율은 25.3%였고 증가 폭은 5.1%p 증가했다. 그리고 서부지역의 경우 상품주택 신규착공면적 전년대비 증가율은 44.8%였고 증가 폭은 34.8%p 증가했다.

2010년 보장성 주택의 건설규모는 지속적으로 증가했다. 중국 주택 및 도농건설부의 통계에 의하면 2010년 전국 각 유형 보장성 주택 및 천막촌 개량주택의 착공수량은 약 590만 채이며, 그 중 370만 채가 기본적으로 완성되었다. 농촌주택 개량사업 주택은 136만 채가 착공되었고 그 중 108만 채가 기본적으로 준공되었다. 이러한 수치는 연초에 국무원이 제시한 수치를 넘어서는 것이다.

2) 상품주택 투자의 투자 증가율 증가

2005~2009년 상품주택 투자액은 매년 증가하는 추세를 보였고, 연평균 증가율은 24.2%에 달했다. 그 중 2009년 상품주택 투자액의 증가율은 가장 작은 14.2%였다. 2010년의 경우 상품주택투자액은 3조 4,038억 위안에 달했고 전년대비 증가율은 32.9%로 그 증가 폭이 18.7%p 증가했다. 2010년의 각 월별 수치로 보면 상품주택 투자 증가율은 34% 정도의 수준에서 기본적으로 안정적인 추세를 보였다(그림 2).

동부·중부·서부지역의 상품주택 투자 증가율은 모두 증가하였고 그 중 동부지역의 증가 폭이 가장 컸다. 2010년 동부·중부·서부지역의 상품주택 투자액은 각각 1조 9,233억 위안, 7,859억 7천만 위안, 6,945억 5천만 위안으로 전년대비 증가율은 각각 33.2%, 31.3%, 33.8%였

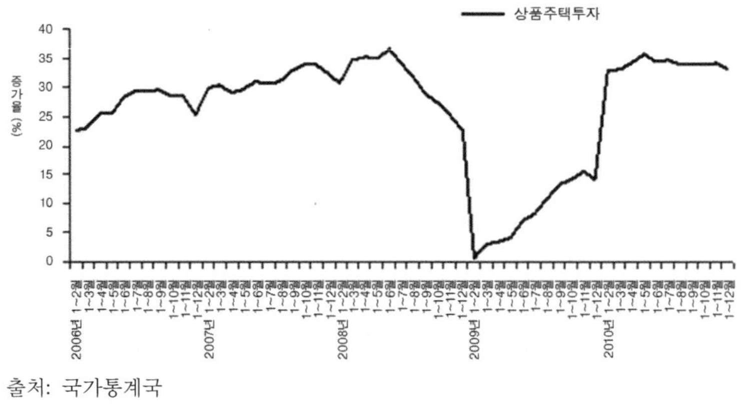

출처: 국가통계국

〈그림 2〉 최근 몇 년간 상품주택 기성투자액 변화

고 증가 폭은 각각 24.1%p, 8.0%p, 14.4%p였다. 2010년 장강삼각주, 주강삼각주 그리고 발해만 지역의 상품주택 개발투자의 전년대비 증가율은 각각 31.0%, 20.6%, 38.1%이었으며, 전년대비 증가 폭은 각각 23%p, 22%p, 19%p였다

상품주택 투자를 주택구조 측면에서 보면, 2010년 90㎡이하의 주택이 상품주택 투자 중에서 차지하는 비중은 31.3%로 전년보다 1.4%p 낮아졌다. 경제적용주택과 빌라 등 고급주택이 상품주택 투자에서 차지하는 비중은 각각 3.1%와 8.3%였다. 그 중 경제적용주택의 비중은 전년보다 1.3%p 낮아졌고, 빌라 등 고급주택의 비중은 전년보다 0.2%p 높아졌다.

3) 상품주택 판매면적 증가율 감소

2005~2009년 상품주택 판매면적은 전체적으로 증가 추세를 나타내어 연평균 증가율은 14.4%에 달했다. 이 수치에는 금융위기의 영향으로 208년 상품주택 판매면적 증가율이 큰 폭으로 감소했었음도 반영되어 있음을 감안해야 할 것이다. 2010년 상품주택 판매면적은 9억3,051만6천㎡로 전년대비 8.0% 증가했고 증가 폭은 전년보다 36%p 감소했다. 그 중 후분양 판매면적은 2억 1,667만 2천㎡로 전년대비 8.7% 감소했고 증가 폭은 26%p 감소했다. 그리고 선분양 판매면적은 7억 1,384만 1천㎡로 전년대비 14.3% 증가했고 증가 폭은 전년대비 41.4%p 감소했다. 2010년 1~8월의 기간 동안 상품주택 판매면적은 전년대비 증가율은 점차 하락하는 추세를 보였고, 9월 이후에 들어서 소폭 상승하는 모습을 나타냈다(그림 3).

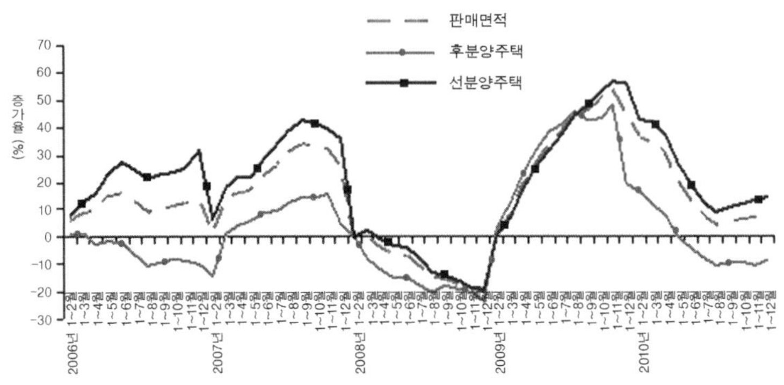

출처: 국가통계국

〈그림 3〉 최근 몇 년간 상품주택 판매면적 변화

4) 주택가격 상승 그러나 상승 폭은 하락

2010년 70개 중대형 도시의 신규주택가격은 전년대비 12.2% 상승했고 상승 폭은 2009년에 비해 11%p 상승했고, 전월대비 누적가격 상승률은 7.7%로 상승 폭은 2009년보다 1.3%p하락했다. 2010년 기존주택가격은 전년대비 7.4% 상승하여 2009년보다 5%p 상승했고, 전월대비로는 5.1% 상승하여 상승 폭이 2009년보다 1.8% 하락했다(그림 4, 그림 5).

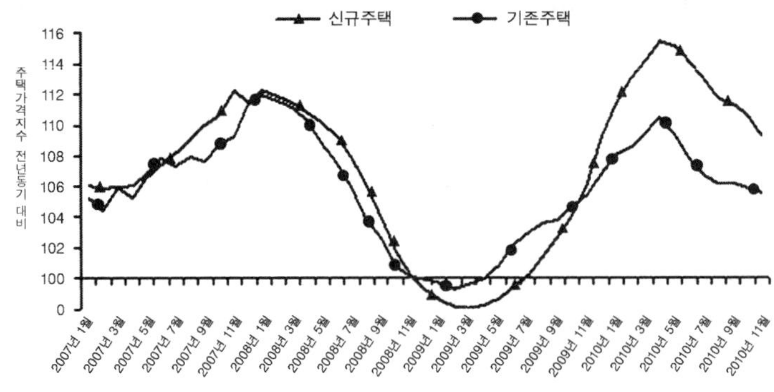

출처: 국가통계국

〈그림 4〉 최근 몇 년간 신규주택과 기존주택 가격 전년동기대비 변화

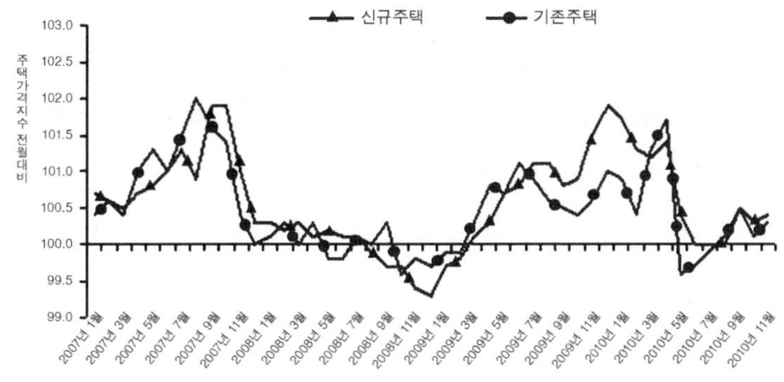

출처: 국가통계국

〈그림 5〉 최근 몇 년간 신규주택과 기존주택 가격의 전월대비 변화

가격의 월별 추세로 보면, 신규주택가격의 전월대비 변화는 5월 이후 비교적 안정적인 추세를 보이면서 전월대비 상승 폭이 0.5%p를 넘지 않다가 9월 이후에 가격 상승률이 다소 상승했다. 기존주택가격의 전월대비 상승 폭은 5월 이후 역시 0.5%p를 넘지 않았으며, 특히 5~7월에는 마이너스 상승을 보였다.

가격의 월별 전년동기대비 추세를 보면, 1~4월 신규주택과 기존주택의 전년대비 상승률이 모두 상승하여, 4월에는 신규주택가격 상승률이 15.4%로 최근 가장 높은 수준을 보였고, 기존주택의 경우 10.5%로 역시 높은 수준을 보였다. 5월 이후 신규주택과 기존주택의 가격상승률은 점차 하락하였고 12월에는 각각 7.6%와 5.0%의 상승률을 기록했다.

서로 다른 유형의 주택가격 변화를 보면 2010년 70개 중대형 도시의 경제적용주택과 보통상품주택 그리고 고급상품 주택가격은 전년대비 각각 1.1%, 13%, 15.9% 상승하였고, 전월대비 누적분으로는 각각 1.1%, 7.3%, 12.9% 상승하여 고급주택의 상승률이 가장 높았다.

가격상승률이 비교적 높았던 도시들의 상당수가 2급 및 3급 도시들이었다. 2010년 신규주택가격의 전월대비 누적 상승 폭이 가장 높았던 10개 도시는 산야(三亞, 45.6%), 하이코우(海口, 43.9%), 위에양(岳陽,

18.2%), 감주(贛州, 13.1%), 안칭(安慶, 11.6%), 친황다오(秦皇島, 11.4%), 스자좡(石家庄, 11.0%), 이창(宜昌, 10.8%), 단둥(丹東, 10.6%), 란저우(蘭州, 10.3%)였다. 기존주택가격의 전월대비 누적 상승 폭이 가장 높았던 10개 도시는 산야(三亞, 34.8%), 하이코우(海口, 21.3%), 란저우(16.8%), 온저우(溫州, 15.2%), 위에양(岳陽, 12.8%), 준이(遵義, 11.0%), 잔장(潛江, 10.7%), 우루무치(烏魯木齊, 9.8%), 무단장(牧丹江, 9.2%), 창더(常德)였다.

5) 주택임대가격과 주거용지가격의 빠른 상승

2010년 주택임대가격은 비교적 빠른 상승 추세가 나타났다. 전국 주택임대가격은 전년대비 9.4% 상승하여 상승 폭이 10.3%p 확대되었다. 분기별 임대가격의 전년동기대비 상승률을 보면 1분기 1.9%, 2분기 10.0%, 3분기 12.1%, 4분기 13.8%로 상승률이 점차 높아졌다. 또한 2010년 분기별 전분기 대비 주택임대가격 상승률은 1분기 2.2%, 2분기 7.2%, 3분기 2.2%, 4분기 1.5%였다. 임대가격은 전년동기대비와 전분기 대비 상승률 모두 최근 몇 년 동안 최고 높은 수준을 나타냈다.

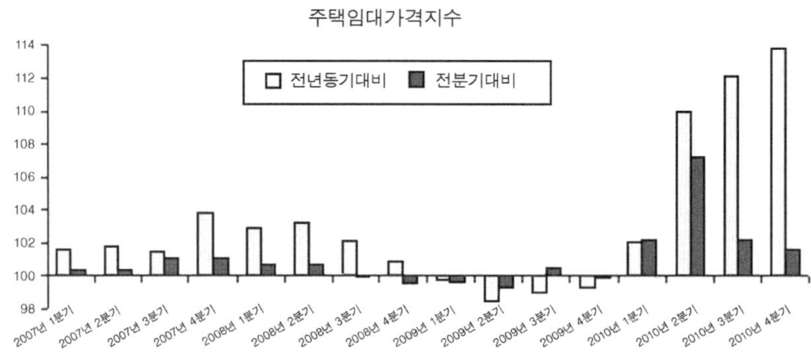

출처: 국가통계국

〈그림 6〉 최근 몇 년간 주택 임대료 변화

2010년에는 주거용지가격 상승률도 비교적 높았다. 전국 주거용지가격은 전년대비 27.4% 상승하였고, 전월대비 누적 상승률은 18.6%였다. 1~4분기별 주거용지가격의 전년동기대비 상승률은 각각 30.5%, 31.1%, 29.3%, 18.5%로 4분기에 다소 하락하는 현상이 나타났다. 또한 1~4분기 주거용지가격의 전분기 대비 상승률은 각각 6.5%, 3.7%, 3.1%, 4.2%였던 것으로 나타났다(그림 7).

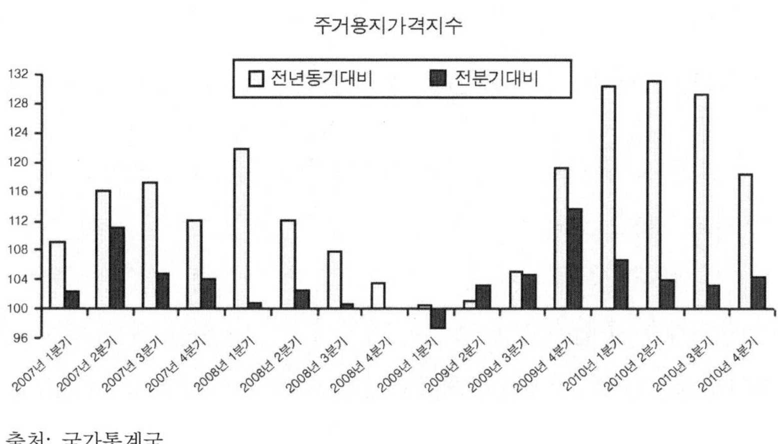

출처: 국가통계국

〈그림 7〉 최근 몇 년간 주거용지가격 변화

3. 2011년 주택시장 발전의 주요 영향요인

2011년 주택시장 추세에 대한 주요 영향요인으로는 거시경제 추세, 부동산 조정정책, 보장성 주택 개발속도 등을 들 수 있다.

1) 2011년 거시경제 성장률은 다소 하락, 물가는 지속적 상승 예상

2010년 GDP 증가율은 10.3%였고 CPI는 3.3%로 예상했던 조정목표를 달성했다. 2011년 세계 경제에 여전히 불확실성이 크게 존재하고 있고 다수의 연구기관들이 2011년 중국의 GDP 증가율을 약 9%로 예상하고 있다. 느리지만 나타나고 있는 경제회복 추세는 주택가격이 크게 하락할 가능성을 감소시키고 있지만 동시에 경제성장의 둔화는 주택가격 상승 폭의 둔화를 가져올 것이다. 2011년 CPI는 약 4%대로 2010년과 비슷한 수준을 보일 것으로 예상된다. 기저요인의 영향으로 상반기에는 CPI가 높게 나타나다가 하반기에 들어서는 다소 하락할 것으로 보인다.

2) 2011년 부동산시장 발전의 정책환경은 조정 상태가 지속될 것

2010년 중국 공산당 중앙경제공작회의에서는 2011년의 거시경제정책의 기본방향을 적극적인 안정과 신중한 융통성이라 정하고 경제의 안정적인 빠른 성장과 경제구조조정 및 물가수준 상승 예측에 대한 관리의 관계를 중점적으로 그리고 적극적으로 조절할 것을 제시하였다.

2011년도 상반기의 물가상승의 압력이 하반기보다 클 것이며, 거시경제정책의 가장 중요한 임무로 물가안정을 가장 우선순위에 놓을 것이다. 이는 부동산 시장 발전의 정책환경이 여전히 긴축될 것을 의미하며, 특히 상반기에의 정책환경은 더욱 엄격해질 것이다. 보수적인 통화정책 하에서 지준율 인상이든 통화공급량의 감소이든 모두 부동산 시장의 수요를 감소시키는 작용을 하게 될 것이다.

3) 보장성 주택 건설의 투자 증가와 주택공급 구조에 대한 영향력 확대

현재 보장성 주택이라 함은 염가임대주택, 경제적용주택, 공공임대주택, 분양가 상한주택, 천막촌 개량주택 등을 포함하고 있다. 2009년 이후 중국은 보장성 주택 건설에 대한 정책역량을 확대해왔다. 2010년

4월에 중앙정부에서 발표된 문건에는 2012년까지 기본적으로 1,540만 호의 저소득가구의 주거문제를 해결할 것이라고 명시하고 있다. 초보적인 통계에 의하면, 2010년 전국 각 유형 보장성 주택과 천막촌 개량주택의 건설은 약 590만 채가 착공되었고 그 중 370만 채가 기본적으로 준공되었다. 2011년에는 약 1,000만 채의 보장성 주택이 착공될 것이며, 연말에는 이로 인해 약 600만 채의 도시주택이 증가할 것으로 예상된다. 2011년 전국 보장성 주택 기성투자액은 약 1조 3천억 위안에 달할 것이며 이는 부동산 개발투자를 약 10%p 증가시킬 것으로 예상된다.

4. 2011년 주택시장 발전 추세

단기적으로 보았을 때, 주택가격에는 여전히 상승압력이 존재하고 있다. 우선 2010년 말 부동산 개발기업들은 충분한 자금을 확보했다. 연말 부동산 개발기업이 확보한 자금총액과 부동산 개발 기성투자액과의 비율은 약 1.8로 2009년과 비슷한 수준을 보였다. 자금압박 측면에서 보았을 때 단기적으로는 부동산 개발기업들이 주동적으로 분양가를 인하할 동기가 크지 않다. 또한 2010년 말 비록 두 번의 금리인상이 단행되었지만 금리수준이 여전히 낮은 수준에 머물고 있으며 실질금리가 마이너스인 점 그리고 인플레이션에 대한 예측이 가중되고 있다는 점에서 주택가격 상승의 압력이 존재하고 있다.

이러한 상황하에서 2011년 특히 상반기 부동산시장에 대한 정책은 더욱 긴축된 환경을 보일 것이며 물가안정정책 목표는 주택가격 상승을 지속적으로 억제하게 할 것이다. 공급 측면에서 보면 2010년 증가된 상품주택 신규착공면적이 2011년 하반기에 시장공급으로 형성되어 공급을 증대시킬 것이다.

아래의 두 가지 영향으로 인해 2011년 주택시장은 기본적으로 안정추세를 유지할 것으로 보인다.

1) 2011년 주택판매면적과 주택개발투자의 전년대비 증가

향후 일정기간 동안 중국의 도시화는 안정적인 추진을 보이게 되면서 주택수급 역시 안정적 증가추세를 보이게 될 것이다. 주택시장의 수급상황을 구체적으로 보면 2010년 주택의 신규착공면적은 여전히 빠른 증가 추세를 보였다. 동시에 보장성 주택공급 역시 시장수요자에게 선택의 기회를 넓혀주고 있어 주택거래량 증가에 유리한 환경을 조성한다. 동시에 보장성 주택 건설은 주택개발투자에 큰 영향을 주어 2011년 주택개발투자는 여전히 전년대비 증가할 것으로 보인다.

2) 2011년 주택가격은 기본적으로 안정세 유지

2011년 중국 경제속도의 둔화는 주택가격 상승 폭 증가의 가능성을 감소시키고 있으며, 주택시장 공급량 증가는 수급불균형을 완화하여, 거시정책 특히 통화정책의 조정 및 보장성 주택 시스템과 상품건물 시스템이 점차 완비되어 감에 따라 2011년 주택가격은 기본적으로 안정 추세를 유지할 것이다. 그러나 긴축적인 정책환경하에서 단기적인 가격의 큰 변동이 나타날 가능성도 배제할 수 없다.

중국 상업용 부동산 발전 회고

양훼이(楊慧)[2]

개요 상업용 부동산은 주거용 부동산 및 공업용 부동산과 함께 부동산의 핵심 부분을 구성하면서 전체 부동산시장과 국민경제의 안정적 발전과 밀접한 관련이 있다. 11차 5개년 규획기간 말 중국은 주택시장을 주요 대상으로 하여 강력한 부동산 조정정책을 구사하기 시작하였다. 이런 상황에서 상업용 부동산의 발전 현황과 추세는 사회 각계의 주목을 받게 되었다.

■ 키워드: 상업용 부동산 영향요인

1. 중국 상업용 부동산 발전 현황

1) 투자상황

부동산 개발회사의 투자는 시장수요와 개발회사의 시장에 대한 신뢰를 반영한다. 투자 측면에 있어서 10차 시기의 부동산 개발회사의 상품건물 총 투자액 연평균 증가율, 주택투자액의 연평균 증가율과 상업용 부동산 투자액의 연평균 증가율은 각각 25.8%, 26.7%, 28.2%로 모두 비교적 높은 증가율을 보였으며 특히 상업용 부동산 투자액의 연평균 증가율이 전체 및 주택투자액 증가율보다 다소 높았다. 이는 10차 시기에 있어서 부동산시장의 총수요가 전체적으로 왕성했으며 부동산 개발회사들의 시장에 대한 전망이 밝았고, 개발회사들에게 상업용 부동산에

---

2) 중국 사회과학원 도시발전환경연구소 박사과정

[표 1] 상업용 부동산 투자, 상품건물 총투자, 주택 투자의 비교

(단위: 억 위안, %)

시기	연도	상품건물 투자액	증가율	주택 투자액	증가율	상업용 부동산 투자액	증가율	상업용 부동산 투자/상품건물 투자
10차 시기	2001	6,344.1	27.3	4,216.7	27.3	755.3	30.2	11.9
	2002	7,790.9	22.8	5,227.8	24.0	933.6	23.6	12.0
	2003	10,153.8	30.3	6,776.7	29.6	1,302.3	39.5	12.8
	2004	13,158.3	29.6	8,837.0	30.4	1,723.7	32.4	13.1
	2005	15,909.2	20.9	10,860.9	22.9	2,039.5	18.3	12.8
11차 시기	2006	19,422.9	22.1	13,638.4	25.6	2,353.9	15.4	12.1
	2007	25,288.8	30.2	18,005.4	32.0	2,785.6	18.3	11.0
	2008	31,203.2	23.4	22,440.9	24.6	3,354.5	20.4	10.8
	2009	36,241.8	16.1	25,613.7	14.1	4,180.7	24.6	11.5

출처: 본문에서 사용되는 데이터는 특별한 언급이 없는 한 2009년까지의 자료는 중국통계연감, 2010년은 중국 부동산통계쾌보

대한 투자유인이 상당히 강했음을 설명한다. 11차 시기(전반 4년)의 위 세 가지 연평균 증가율은 각각 22.9%, 23.9%, 19.7%로 나타났다. 투자증가율이 전반적으로 10차 시기와 비교하여 낮아졌지만 특히 상업용 부동산의 투자 증가율 하락폭이 비교적 크게 나타났다. 또한 상업용 부동산 투자의 총 투자에서의 비중도 10차 시기의 12.5%에서 11.4%로 낮아졌다. 이는 일정 정도에서 11차 시기의 상업용 부동산에 대한 투자 유인의 정도가 10차 시기에 비해서 다소 떨어졌음을 말해주고 있다. 하지만 전체적으로 보았을 때 2001년부터 2010년의 10년의 시간 동안 중국 상업용 부동산의 투자는 빠른 증가를 보였고 이는 이 시기에 상업용 부동산에 대한 수요가 비교적 왕성했었음을 말해주고 있다.

중국 상업용 부동산 투자에 대한 또 다른 특징은 이들 투자가 대도시들 특히 1급 도시(베이징, 상하이, 광저우, 션전)에 집중적으로 나타났다는 것이다. 2002년부터 중국 35개 중대형 도시의 중국 전체 지역의

상업용 부동산 투자에서 차지하는 비중은 줄곧 50% 정도를 유지해왔고, 1급 도시가 35개 중대형 도시 상업용 부동산 투자에서 차지하는 비중은 25~40% 사이를 유지해왔다. 11차 시기 이후로 1급 도시 상업용 부동산 투자의 비중은 점차 하락하는 추세를 보였고, 35개 중대형 도시의 투자 비중은 기본적으로 변하지 않았다. 이는 상업용 부동산의 투자가 1급 도시 위주에서 그 외 중대형 도시로 확대되고 있음을 의미한다.

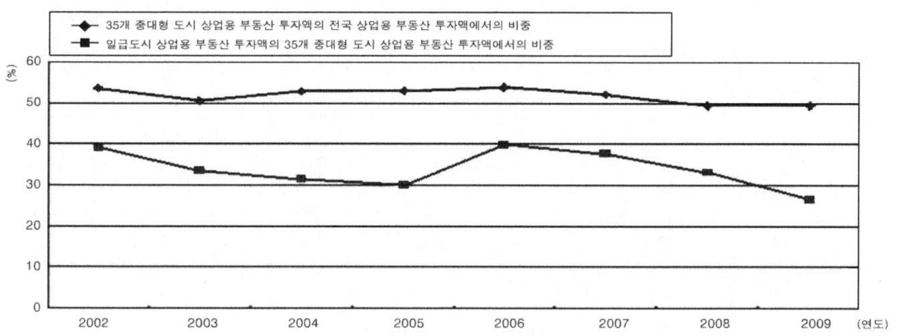

〈그림 1〉 35개 중대형 도시와 1급도시의 상업용 부동산 투자액 비중

2) 판매상황

2001년 이후 상업용 부동산의 판매면적과 판매액은 2008년을 제외하고 매년 해마다 증가하는 추세를 보였다. 10차 시기의 연평균 증가율은 각각 24.5%와 38.6%였고, 11차 시기의 연평균 증가율은 하락하여 각각 11.1%와 21.2%였다. 그러나 상업용 부동산의 판매가격은 지속적인 상승 추세를 보여 2008년 금융위기의 충격으로 주택판매가격은 마이너스 상승을 보였던 것과 비교하여 여전히 1.9%의 상승률을 보였다. 10차 시기와 11차 시기의 상업용 부동산 판매가격의 연평균 상승률은 각각 11.3%와 9.0%였으며, 같은 시기 주택판매가격의 상승률은 각각 9.8%와 10.0%였다.

[표 2] 연도별 상업용 부동산 판매 현황

(단위: 만㎡, 억 위안, %)

시 기	연 도	상업용 부동산 판매면적 (만㎡)	증가율 (%)	상업용 부동산 판매액 (억 위안)	증가율	상업용 부동산 판매가격 (위안/㎡)	상승률 (%)
10차 시기	2001	1,696.1	21.2	555.3	21.7	3,274	0.4
	2002	2,218.6	30.8	774.1	39.4	3,489	6.6
	2003	2,833.1	27.7	1,041.2	34.5	3,675	5.3
	2004	3,100.3	9.4	1,204.2	15.7	3,884	5.7
	2005	4,081.4	31.6	2,049.7	70.2	5,022	29.3
	연평균		24.5		38.6		11.3
11차 시기	2006	4,337.8	6.3	2276	11.0	5,247	4.5
	2007	4,644.6	7.1	2,681.8	17.8	5,774	10.0
	2008	4,206.1	-9.4	2,475.7	-7.7	5,886	1.9
	2009	5,328	26.7	3,660.9	47.9	6,871	16.7
	2010	6,921.1	29.9	5,355.9	46.3	7,738	12.6
	연평균		11.1		21.2		9.0

2001년부터 2010년의 10년 동안 상업용 부동산 판매가격은 지속적으로 주택 판매가격보다 높았으며, 양자간의 차이도 점차 확대되는 추세를 보였다. 상승률 측면에서는 10년 중 총 5년은 상업용 부동산 판매가격 상승률이 주택 판매가격 상승률보다 높았으며, 상업용 부동산과 주택 판매가격 상승률의 고저(高低)가 상호 교차하면서 나타났다(그림 2). 주택 판매가격은 2001년의 2,017위안/㎡에서 2010년 4,723위안/㎡으로 연평균 9.9% 상승했다. 같은 기간 상업용 부동산 판매가격은 3,274위안/㎡에서 7,738위안/㎡로 연평균 10.0% 상승하였다.

2001년부터 2010년까지 상업용 부동산 평균 판매가격은 주택판매가격 평균의 1.63배로 일반적으로 합리적이라 인식되는 1.5~2의 구간 안에 있다. 그러나 최근 몇 년 동안 일부 도시 및 지역에서 주택가격이 급등하면서 상업용 부동산가격과 주택가격이 역전되는 현상이 나타나기도 했다. 상하이를 예로 들면 2001년부터 2008년 사이에 '상업용 부동산가격/주택가격'의 비율이 점차 하락하였으며, 특히 2006년, 2007년, 2008년에는 상업용 부동산가격이 주택가격보다 낮게 나타나기도 하였다.

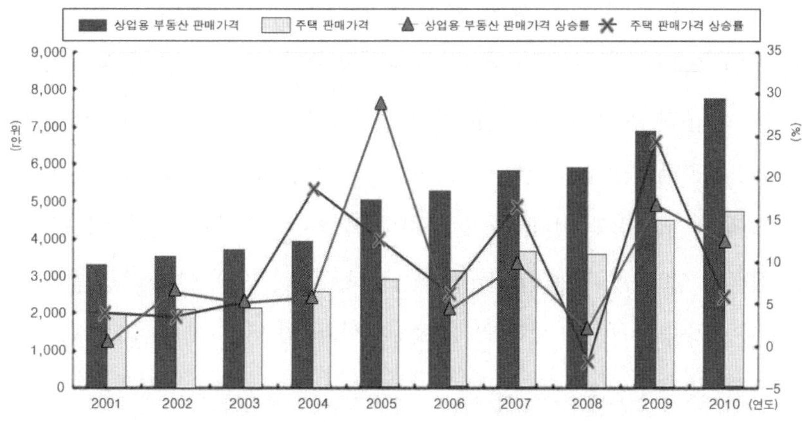

〈그림 2〉 상업용 부동산과 주택의 판매가격과 상승률 비교

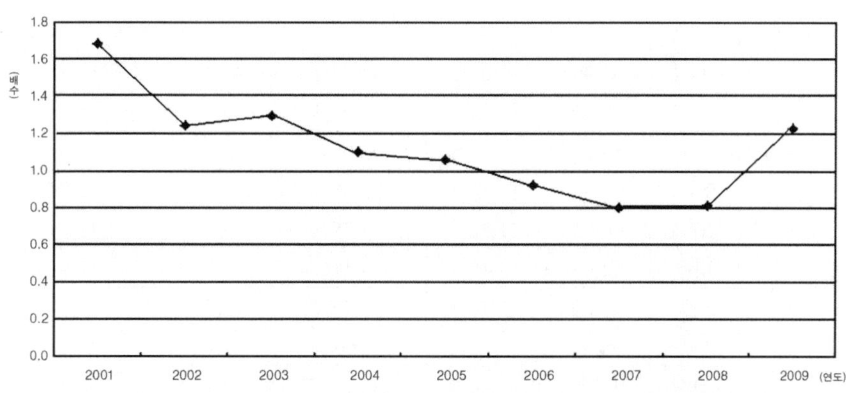

〈그림 3〉 상하이 상업용 부동산가격/주택가격의 비율

3) 신규착공면적 상황

부동산시장의 신규착공면적은 시장의 잠재적 공급능력을 일정 정도 반영하며, 미래의 시장공급량을 결정하기 때문에 부동산시장 가격에 큰 영향을 미친다. 10차 시기 동안 상업용 부동산의 신규착공면적 연평균 증가율은 같은 기간 건축물 신규착공면적 연평균증가율보다 높게 나타나 상업용 부동산시장의 공급이 왕성했음을 말해주고 있다. 11차 시기(전반 4년)에 있어서 건축물 신규착공면적 연평균 증가율과 상업용 부동산 신규착공면적 연평균 증가율은 각각 10차 시기와 비교하여 3.9%p와 8.3%p 낮게 나타났다. 이는 상업용 부동산시장의 공급량이 전체 상품건물시장과 비교하여 점차 하락하는 추세를 나타냈음을 설명하고 있다. 상업용 부동산 신규착공면적이 건축물 신규착공면적에서 차지하는 비중은 10차 시기의 11.8%에서 11차 시기에는 10.2%로 다소 낮아졌다(표 3).

[표 3] 연도별 상업용 부동산 신규착공면적 및 비중

(단위: 만㎡, %)

시기	연도	건축물 신규착공면적	증가율	상업용 부동산 신규착공면적	증가율	상업용 부동산 신규착공면적/ 건축물 신규착공면적
10차 시기	2001	37,394.2	26.4	4,105.4	35.3	11.0
	2002	42,800.5	14.5	4,926.5	20.0	11.5
	2003	54,707.5	27.8	6,706.8	36.1	12.3
	2004	60,413.9	10.4	7,790.8	16.2	12.9
	2005	68,064.4	12.7	7,675.5	-1.5	11.3
	평균	52,676.1	18.4	6,241	21. 2	11.8
11차 시기	2006	79,252.8	16.4	8,473.2	10.4	10.7
	2007	95,401.5	20.4	9,093.9	7.3	9.5
	2008	102,553.4	7.5	10,040.7	10.4	9.8
	2009	116,422.1	13.5	12,415.0	23.6	10.7
	평균	98,407.5	14.5	10,005.7	12.9	10.2

4) 지역별 분포 상황

상업용 부동산 투자액 측면에서 보면 10차 시기의 동부지역 연평균 투자액은(818억 위안) 중부와 서부지역(251억 위안과 281억 위안)의 총합보다 약 53.6% 많았다. 11차 시기 전반 4년 동안 동부지역 연평균 투자액은 1,970억 위안으로 역시 중부지역(648억 위안)과 서부 지역(551억 위안)의 총합보다 64.3% 많았다.

이는 상업용 부동산 개발회사들의 동부지역에 대한 투자선호가 여전히 지속되고 있음을 설명하고 있으며 동시에 중서부 지역에서도 투자선호 및 상황이 전환적인 변화가 나타나고 있음을 말해주고 있다. 10차 시기에 있어서는 한 해 동안의 절대수치이건 연평균 수치이든 중부지역의 투자액이 서부 지역의 투자액보다 낮았었지만 11차 시기에서는 변화가 생겨 중부 지역의 투자액이 서부지역보다 높은 것으로 나타났다.

상업용 부동산 신규착공면적에 있어서도 동부 지역이 중부와 서부지역의 합계보다 다소 많은 것으로 나타났다. 이는 동부 지역 상업용 부동산의 잠재적 공급능력이 중서부지역보다 높으며, 발전잠재력도 크다는 것을 의미한다. 중서부 지역간의 수치는 중부지역의 상업용 부동산 신규착공면적이 11차 시기에 서부 지역을 이미 추월하여 투자액과 같은 전환이 이루어지고 있음을 말해주고 있다.

상업용 부동산의 판매가격 측면에서 보면 동부 지역이 중부와 서부지역보다 높게 나타나고 있으며, 이는 세 지역의 경제발전 정도와 밀접한 관계를 가지고 있다. 10차 시기의 동부·중부·서부 세 지역 상업용 부동산 판매가격 상승률은 각각 13.9%, 11.8%, 7.9%였고, 11차 시기의 경우에 각 증가율은 각각 6.8%, 9.9%, 8.0%였다. 동부 지역의 판매가격 상승 폭이 상대적으로 크게 하락했음을 알 수 있다. 중부지역과 서부지역의 경우 상업용 부동산 판매가격의 차이가 축소되어 10차 시기

서부 지역의 연평균 판매가격이 중부 지역보다 681위안/㎡ 높았지만 11차 시기에는 350위안/㎡으로 축소되었다.

[표 4] 동부 · 중부 · 서부 지역의 연도별 상업용 부동산 투자 및 신규착공면적, 가격 현황

(단위: 억 위안, 만㎡, 위안/㎡)

시 기	연 도	상업용 부동산 투자액(억 위안)			상업용 부동산 신규착공면적(만㎡)			상업용 부동산 판매가격(위안/㎡)		
	지역	동부	중부	서부	동부	중부	서부	동부	중부	서부
10차 시기	2001	494	113	148	2,149	894	1,061	3,715	2,270	3,122
	2002	594	152	188	2,572	1,153	1,202	4,067	2,415	3,284
	2003	785	250	268	3,302	1,598	1,807	4,442	2,592	3,204
	2004	1,018	341	364	3,895	1,934	1,961	4,915	2,888	3,279
	2005	1,200	401	439	3,849	1,921	1,906	6,252	3,551	4,230
	평균	818	251	281	3,153	1,500	1,587	4,678	2,743	3,424
11차 시기	2006	1,467	459	428	4,347	2,194	1,932	6,394	3,964	4,132
	2007	1,757	556	473	4,559	2,435	2,100	7,212	4,219	4,466
	2008	2,122	665	568	5,384	2,468	2,190	7,121	4,398	4,810
	2009	2,533	912	735	5,997	3,329	3,089	8,131	5,178	5,751
	평균	1,970	648	551	5,072	2,607	2,328	7,215	4,440	4,790

환율과 중국 주택가격 간의 관계

천베이(陳北), 엘리어트(Euel W Elliott)[3)]

개요 2010년 세계는 중국 주택가격의 추세에 큰 관심을 보였을 뿐 아니라 위안화 환율에도 지속적인 주목을 하였다. 환율절상과 주택가격 상승을 결합하여 보는 것을 통하여 사람들은 중국 정부가 주택거품에 대하여 더욱 주목하게 되었음을 알게 되었다. 중국 정부가 장기적으로 주택가격을 안정시킬 수 있는가에 관하여 GDP와 환율절상을 비교적 큰 영향력을 가진 것으로 나타났다.

■ 키워드: 환율, 주택가격, Granger 인과관계, VAR

1. 환율과 주택가격 간의 관계

2005년 7월 21일, 중국 금융당국은 위안화 환율제도에 개혁을 실시하였고 그 이후 위안화는 지속적으로 절상되었다. 2006년 위안화 환율은 빠른 절상속도로 처음으로 '8' 밑으로 떨어졌으며, 2007년 말에는 당시 심리적 관문이었던 7.3마저 무너뜨리면서 절상이 가속화되었다. 금융위기 발생 이후 2009년 위안화 환율은 약 1년간의 안정기를 보냈고, 2010년 6월 2차 환율개혁이 이루어진 이후 위안화 환율은 다시 빠른 절상 추세를 보이면서 반년 동안에 6.6 밑으로 떨어졌고 2010년 누적 절상 폭은 3.0%에 달하였다.

같은 기간 부동산가격은 환율과 마찬가지로 특별한 관심을 받았다. 심각한 수급불균형과 유동성 과잉 등 여러 복합적인 요인으로 부동산가

---

3) 천베이: 중국 사회과학원 세계 경제정치연구소 연구원
Cuel W Elliott: 텍사스대학 교수

격은 크게 상승했다.

1) 위안화 환율에 대한 분석

아래 그림에서 보면 위안화가 지속적인 절상압력에 직면하고 있음을 어렵지 않게 알 수 있다. 이러한 압력은 어떤 측면에서 보면 서구발전국가들 특히 미국이 중국에게 지속적으로 위안화 절상에 대한 압력을 행사하였기 때문이다. 미국은 중국이 위안화 환율을 인위적으로 조작하여 중미 간의 막대한 무역불균형을 야기시키고 있기 때문에 지금보다 적어도 20%는 절상되어야 한다고 주장하였다.

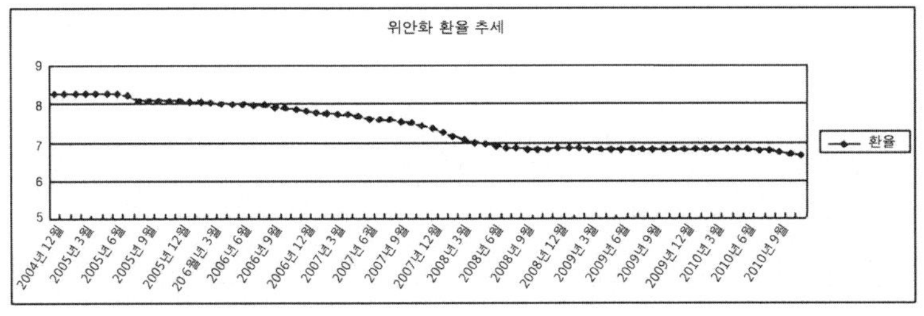

출처: 중국 인민은행 사이트

〈그림 1〉 2004년 이래 위안화 환율 변화 추세(1달러 대비)

또 다른 측면에서는 위안화 절상의 내적인 원인을 들 수 있는데, 위안화 환율정책이 무역상품과 비무역상품 간 상대가격의 왜곡을 가져와 사회자원의 배분상에 있어서 무역 부문에 집중되는 현상이 나타났으며, 과도한 수출 증가는 서구선진국들로 하여금 보호무역주의를 내세우는 결과를 초래했다.

2) 부동산가격 현황에 대한 분석

주택가격의 변화는 주민소비능력, 주택판매가격, 토지거래가격, 주택임대가격, 상품소매가격, 원자재가격, 공업품가격 등 많은 요인들의 영향을 받는다. 그 중 토지가격의 상승이 주택가격의 상승을 유발했다는 것은 중국에서 보편적으로 받아들여지고 있는 현상이다. 토지가격 상승이 과연 주택가격 상승의 근본적이고 일방적인 원인일까?

<그림 2>는 전국 주택판매가격지수와 토지거래가격지수를 비교한 것이다. 그림에서 보면 주택판매가격과 토지거래가격은 기본적으로 매우 유사한 추세를 가지고 움직이고 있다. 그리고 [표 1]에서 2001년 4분기부터 2009년 4분기까지의 전국 주택판매가격과 토지거래가격 수치를 가지고 진행한 Granger 인과관계 테스트 결과에서는 "주택가격이 토지가격을 Granger 인과하지 않는다"는 귀무가설을 기각하는 P값이 0.0341로 통계적으로 유의한 것으로 나오는 것에 비하여 "토지가격이 주택가격을 Granger 인과하지 않는다"는 귀무가설은 기각하지 못하였다. 물론 이 테스트 결과만을 가지고 토지가격이 주택가격의 상승을 인과하지 않는다고 결론지을 수는 없지만, 일반적으로 알려진 것처럼 토지가격 상승이 주택가격을 일방적으로 인과하는 것이 아니라 주택가격의 상승이 토지가격의 상승에 어느 정도 원인으로 작용하고 있음을 알 수 있다.

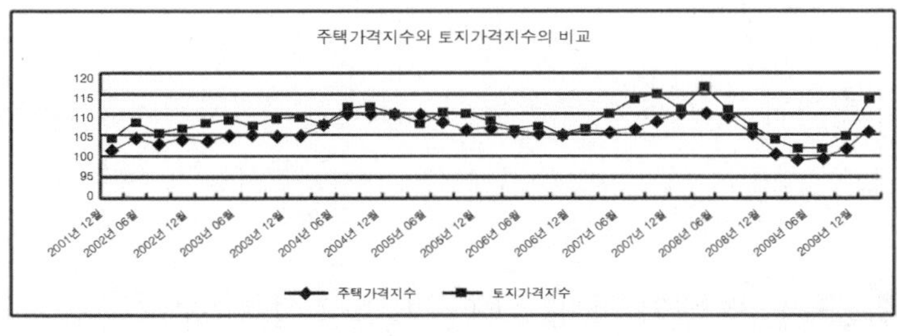

출처: 중국 경제경기월보

〈그림 2〉 전국 주택판매 가격지수와 토지거래 가격지수의 추세 비교

[표 1] 주택가격과 토지가격 사이의 Granger 인과관계 테스트 결과

귀무가설	F-Statistic	Prob.
토지가격은 주택가격을 Granger 인과하지 않는다	0.54004	0.5891
주택가격은 토지가격을 Granger 인과하지 않는다.	3.85813	0.0341

3) 환율과 주택가격 간의 관계 및 영향 경로

한 국가의 화폐가치가 절상될 것으로 예상되면 투자자들은 그 화폐를 보유하려고 하게 된다. 하지만 화폐보유는 기회비용이 수반되기 때문에 많은 경우 해당 국가 화폐표시의 자산을 구매하려는 경향이 나타나고 부동산 투자는 그 주요한 방식이다. 투자자는 해당 화폐표시의 부동산을 구매하고 화폐절상을 기다리게 되며 이로써 투자자는 화폐절상으로 인한 이득과 함께 자본가치 상승으로 인한 이득을 동시에 누리게 된다.

위안화 환율의 중국 주택가격에 대한 영향은 위안화 절상을 예상한 해외자금의 유입으로 인해 비롯되면 그 영향경로는 크게 두 가지로 나눌 수 있다. 우선 직접 부동산시장에 작용하는 것이다. 즉 핫머니가 국내 부동산과 위안화에 투자함으로써 이중의 수익을 얻는 것이다. 다른 하나는 위안화 절상에 대한 기대로 인해 막대한 해외자금이 유입되어 외환보유고를 증가시키고 통화량을 증가시켜 물가상승을 유발시킨다. 이는 다시 금리인상으로 이어지고 금리인상이 현지 부동산기업들의 금융기관 대출비용을 상승시켜 외자를 이용하여 부동산 개발을 하도록 촉진하여 외자의 부동산시장 유입이 이루어지게 된다.

2. 환율의 주택가격에 대한 영향 실증 분석

여기에서는 주택가격(FJ)과 환율(HL) 그리고 경제성장률(GDP)의 세

변수 VAR을 구축하여 분석을 진행하고자 하며, 주택가격에 대해서는 로그를 취하여 사용하였다. 분석에 사용된 수치들은 2005년 9월부터 2010년 10월까지의 월별 수치로 데이터의 출처는 중국 국가통계국과 인민은행 사이트이다.

우선 시계열 변수들에 대한 안정성 테스트를 위하여 ADF 검정을 진행하였다. 그 결과 경제성장률(GDP)과 주택가격변화율(FJLN)은 5% 유의수준에서 안정성을 확보한 것으로 나타났으나, 환율(HL)의 경우 단위근이 존재하는 것으로 나타나 차분하여 사용하였다.

[표 2] 단위근 검정테스트 결과

변 수	T값	5% 임계치	안정성 여부
FJln	-4.35	-2.9	안정
HL	-0.89	-2.9	불안정
GDP	-7.11	-2.9	안정

여기에서는 우선 변수들에 대해서 Granger 인과관계 테스트를 하고 이 결과를 기초로 하여 충격반응함수와 분산분해 분석을 진행하도록 하겠다. Granger 인과관계 테스트 결과는 아래와 같다.

[표 3] 그랜저 인과관계 테스트 결과

귀무가설	F-Statistic	Prob.
주택가격은 환율을 Granger 인과하지 않는다	3.77547	0.0159
환율은 주택가격을 Granger 인과하지 않는다	4.84208	0.0048
GDP는 환율을 Granger 인과하지 않는다.	0.32454	0.8076
환율은 GDP를 Granger 인과하지 않는다	0.34806	0.7907
GDP는 주택가격을 Granger 인과하지 않는다	1.08206	0.3649
주택가격은 GDP를 Granger 인과하지 않는다	0.23541	0.8713

위의 표는 시차를 3으로 하고 진행한 Granger 인과관계 테스트의 결과이다. 표에서 보다시피 주택가격과 환율 사이에 상호간의 Granger 인과관계가 성립하고 있다. 주택가격이 환율을 Granger 인과하지 않는다는 귀무가설을 기각하는 P값은 약 0.016이고, 환율이 주택가격을 Granger인과하지 않는다는 귀무가설을 기각하는 P값은 약 0.005이다. 즉 두 변수 사이에 통계적으로 비교적 강한 Granger 인과관계가 성립하고 있으며 이는 두 변수가 상호 간에 비교적 큰 관계를 가지고 있음을 설명하고 있다.

VAR모형을 구축함에 있어 중요한 문제의 하나는 시차의 결정이다. 본문에서는 이 모형을 구축함에 있어서 AIC와 SC의 값을 기준으로 하여 시차를 결정하였으며 이 값이 가장 낮아지는 시차는 3이었다. 아래 그림에서 보면 시차를 3으로 했을 때 모든 계수단위근이 단위원 내에 있어서 VAR모형이 안정적이게 됨을 보여주고 있다.

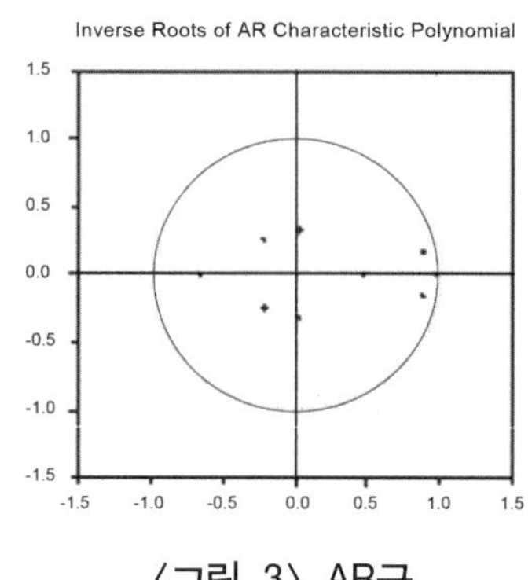

〈그림 3〉 AR근

따라서 시차를 3으로 하여 VAR모형을 전개하여 계수를 추정하고 충견반응함수와 분산분해를 실시하였다.

주택가격 변화율을 종속변수로 하여 실시한 충격반응함수의 결과는 다음의 그림과 같다.

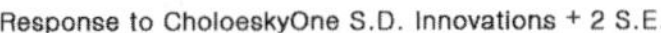

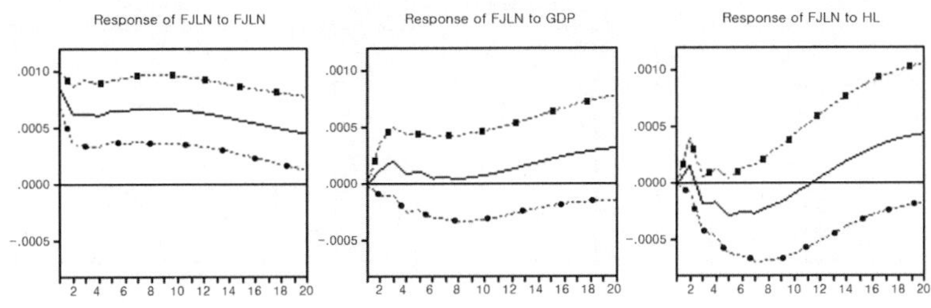

〈그림 4〉 충격반응함수 결과

만약 통계적 유의성을 고려하지 않고 결과에 나타난 shape만을 가지고 논의한다면, GDP의 1단위 표준오차의 충격이 발생했을 때, 주택가격 변화율은 바로 정(+)의 방향으로 크게 상승한 후 약 2~3개월이 지난 후부터 약해진 후 하락하는 추세가 나타난다. 이런 하락 추세는 천천히 진행되다가 약 8개월째에 기본적으로 사라지고 다시 상승의 반응이 나타나 23개월째에 상승이 최고에 달한다. 이를 통해 볼 때 중국 GDP는 주택가격에 대하여 정(+)의 영향을 끼치는 것으로 말할 수 있다. 환율의 1단위 충격이 주어졌을 때 주택가격 변화율은 첫 번째 달부터 정(+)의 상승반응을 나타내고 있으며 2개월째부터 하락하기 시작하여 6개월째 최저점에 달한 후 다시 점차 상승하는 추세를 보였다.

종합하여 보면 GDP 충격에 대해서 주택가격 변화율은 계속하여 정(+)의 반응을 보였고, 위안화 상승은 2개월부터 6개월까지 주택가격 변화율을 음(-)의 방향에서 반응하게 한 뒤 상승 추세를 보였다. 즉 위안화 절상은 2개월부터 6개월까지 주택가격 변화율을 정(+)의 방향으로 상승시킨 후 6개월이 지난 후부터는 점차적으로 하락으로 영향을 주는 모습을 보였다.

분산분해 분석의 결과는 다음의 그림과 같다.

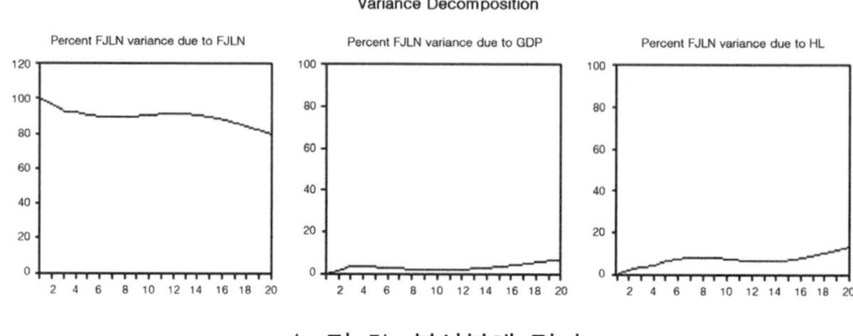

〈그림 5〉 분산분해 결과

주택가격 변화율의 예측오차에 대해서 주택가격 변화율 자체의 설명력이 가장 높으나 이는 시간이 흐름에 따라서 감소하는 모습을 보이고 있고, 이에 반해 주택가격 변화율 예측오차에 대한 GDP와 환율의 설명력은 시간이 갈수록 높아지는 모습을 보이고 있으며, 그 중 환율의 설명력이 더 높은 것으로 나타나고 있다.

3. 글을 맺으며

Granger 인과관계 테스트를 통하여 주택가격과 환율 사이에 비교적 명확한 상호 Granger 인과관계가 있음을 확인하였다. 이는 위안화 절상이 주택가격의 상승을 유발할 수 있으며 또한 동시에 주택가격 상승이 위안화 절상을 불러올 수도 있음을 설명한다. VAR 분석을 통하여 위안화 절상이 일정 기간 내에 주택가격의 상승의 반응을 야기하며 이러한 상승이 끝나고 투자자금이 시장에서 철수하면 약 1년 뒤부터는 주택가격이 하락하게 됨을 보았다. 또한 분산분해를 통해서 환율과 GDP가 모두 주택가격에 일정한 영향을 주고 있으며 또한 시간이 갈수록 그 영향이 커짐을 알 수 있었으며 이러한 영향은 환율의 더욱 크다는 것을 보았다. 바꾸어 말하면 빠른 발전을 하고 있는 경제체제 속에서 주택가격이 하락하기는 힘들며 그 경제체제 화폐의 절상에 따라 주택가격은 상승을 지속할 수도 있다.

필자는 중국의 도시화와 공업화가 대략적으로 완성되는 향후 20년 뒤에는 주택가격 상승의 공간이 중국 인구와 가정 구조 변화의 영향을 받아 하향의 추세가 나타날 가능성이 있다고 본다. 하지만 이 20여 년의 기간 동안에는 평균선을 중심으로 하여 주택가격이 변동하면서 단기적으로 하락이 나타날 수도 있지만 전체적으로 상승 추세를 지속하게 될 것으로 본다.

PART 5

지역 편

2010~2011년 베이징 기존주택 매매시장 분석

2010~2011년 베이징 임대시장 분석

2010년 상하이 부동산업 분석

2010년 션전 부동산시장 평론

2010~2011년 베이징 기존주택 매매시장 분석

궁핑(宮萍)[1]

개요 2010년 베이징 기존주택시장은 지속적인 조정분위기 속에서 운영되었다. 2010년 초 국무원 판공청은 부동산정책의 기조를 "주택가격의 빠른 상승억제", "시장에서의 투기성 및 투자성 주택수요 억제", "부동산시장의 안정적이고 건강한 발전 촉진"이라 명확히 밝혔다. 중국 중앙정부는 2010년 4월과 9월의 두 차례에 걸쳐서 중요한 조정정책을 발표했다. 토지시장에서 출양방식의 변화가 시도되었고, 중앙 국유기업의 부동산업에서의 철수 명령이 이루어졌다. 금융정책에 있어서는 6차례에 걸쳐서 지준율이 인상되었고, 2차례에 걸친 금리인상이 단행되었다. 또한 최초납입금 비율이 상향조정되었고, 세 번째 주택구매에 대한 대출금지 등이 이루어졌으며 주택구매 자체가 제한되기도 하였다. 시장거래의 추세는 정책의 조정에 따라서 반복적인 변동을 보였다. 2010년 기존주택 총 거래량은 2009년과 비교하여 약 30% 감소하였고, 2010년 말 기존주택 거래가격은 2009년 말 수준으로 떨어져서 부동산시장에 대한 조정은 분명한 효과를 보였다고 평가할 수 있다. 2011년 부동산시장은 여전히 안정적이고 건강한 발전을 정책목표로 하고 있어, 투기 및 투자성 수요에 대한 엄격한 억제와 동시에 보장성 주택공급을 크게 증가시킴으로써 시장에서의 거래와 가격의 안정을 추구하게 될 것이다.

■ 키워드: 정책조정, 주택구매제한, 금리인상, 거래량 하락

1. 2010년 부동산시장 정책 분석

1) 정책 개괄

2010년 1월 중앙정부에서 내놓은 2010년 부동산시장 운영의 주된

1) 베이징 중위엔 부동산 시장부 부총경리, 베이징 부동산중개업협회 감사

기조는 부동산시장의 안정적이고 건강한 발전의 촉진과 주택가격의 지나치게 빠른 상승 억제였다. 부동산가격의 변화에 근거하여 중국 정부는 4월과 9월 두 차례에 걸쳐서 부동산시장에 대한 조정정책을 발표하였다. 2010년에 취해진 부동산 조정정책은 시장관리, 토지, 금융, 세수 등 각 부문에 걸쳐서 종합적으로 이루어져 부동산 조정의 목표를 달성할 수 있었다.

(1) 토지시장과 부동산 개발회사 행위에 대한 전면적인 관리감독

중국 정부는 2010년 주택가격을 안정시키고 토지가격 급등을 억제하기 위하여 토지시장에 대하여 일련의 정책을 취했다. 그 중 시장에 대한 영향력이 비교적 컸던 것은 아래의 네 가지로 정리해 볼 수 있다.

(가) 토지출양에 대한 종합적인 평가제도 수립

기존의 단순한 최고가경매에 의한 출양에서 종합평가제로의 전환으로 기존에 빈번히 나타났던 지왕(地王)[2]의 출현을 효과적으로 억제했다.

(나) 토지출양 속도 가속

주택건설 프로젝트에 대한 행정적 심사 및 비준단계에서 빠른 처리를 중앙정부차원에서 요구하여 주택용지 공급의 속도를 가속화하였고 이를 통해 주택의 유효공급을 신속히 증가시킬 수 있는 기제가 마련되었다.

(다) 토지출양계약서에 주택개발 프로젝트의 착공시기, 준공시기를 명시하도록 하였고 이 시간표를 엄격히 준수하도록 함.

(라) 국유자산감독관리위원회는 3월에 부동산을 주요 사업으로 하는 16개의 중앙 국유기업을 포함 총 78개의 중앙 국유기업으로 하여금 부동산 영역에서 철수하도록 요구.

2) 주변 토지가격보다 월등히 높은 최고 경매가격을 기록한 토지를 일컫는 말

[표 1] 2010년 베이징 토지시장 주요 정책

일 시	정책 명칭	정책 주요 내용
2010. 2. 23.	「베이징 부동산시장의 안정적이고 건강한 발전 촉진의 실시의견」(일명 경11조)	- 보장성 주택용지 공급 증가 - 토지출양금의 최초납입금 비율이 전체 토지출양금액의 50% 미만이 되어서는 안 됨. 또한 계약서상에 약정된 시간 내에 나머지 출양금을 반드시 완납할 것을 엄격히 규정
2010. 3. 10.	「부동산용지공급과 관리감독 강화에 관련된 문제에 대한 통지」	- 보장성 주택용지와 천막촌 개량주택용지, 실거주용 소형 상품주택건설용지 확보 - 상술한 세 가지 주택용지가 전체 주택건설용지 공급량의 70% 미만이 되어서는 안 됨 - 토지출양 최저가격은 출양토지 소재지의 동일한 등급토지의 기준지가의 70% 미만이 되어서는 안 됨 - 경매보증금은 출양최저가의 20%미만이 되어서는 안 됨
2010. 9. 27.	「부동산용지와 건설관리조정의 진일보한 강화에 관한 통지」	- 주택용지와 주택건설의 연도계획 관리를 강화 - 주택건설용지와 건설프로젝트에 대한 심사속도 가속 - 주택건설용지 출양에 대한 엄격한 관리 - 주택용지공급과 건설에 대한 관리 강화, 위법행위에 대한 강도 높은 조사와 처벌

출처: 베이징 중위엔 연구부

(2) 긴축적 금융정책

시장의 과도한 유동성을 조절하고 하반기에는 물가상승압력에 대응하기 위하여 연내에 중국 중앙은행은 6차례에 걸쳐서 지준율을 인상하여 지준율이 18.5%에 달하였다.

주택구매 대출에 대하여 엄격한 차별화 정책을 실시하였다. 90㎡를 초과하는 주택을 구매하는 경우 최초납입금 비율이 30% 미만이 되어서는 안 되고, 두 번째 주택구매인 경우에는 최초납입금 비율이 50% 미만이 되어서는 안 되며 대출금리가 기준금리의 1.1배 미만이 되어서는 안 된다고 규정하였다. 그리고 세 번째 이상의 주택구매에 대해서는 최초납입금 비율과 금리를 대폭 상향조정하고 주택가격이 급등한 지역에서는 잠정적으로 세 번째 주택구매에 대한 대출을 금지하였다. 주택건설부와 인민은행은 또한 조정정책 대상이 되는 '두 번째 주택'에 대한 정의와 엄격한 표준을 제시하여 차별화된 대출정책에 힘을 실어주었다.

10월 20일과 12월 26일에는 점차 긴축되는 조정정책에 부응하기 위하여 3년 만에 중앙은행에서 두 차례의 금리인상을 단행하였다.

[표 2] 2010년 부동산 금융정책

일 시	정책 명칭	정책 주요 내용
2010. 1. 12. ~ 12. 10.	6차례에 걸친 '위안화 예금 지급 준비율 상향'	- 2010년 중앙은행은 6차례에 걸쳐서 지급 준비율을 인상하여 지준율이 18.5%에 달함
2010. 2. 26.	「두 번째 주택 주택공적금대출 최초납입금 상향조정에 관한 통지」	- 두 번째 주택에 있어서 주택공적금 대출을 신청하는 경우(주택공적금과 일반 상업은행 대출 복합 신청 포함) 그 최초납입금이 40% 미만이 되어서는 안 됨
2010. 5. 26.	「상업성 개인주택대출 중 두 번째 주택 인정기준에 관한 통지」	- 상업성 개인주택대출에 있어 대출자의 주택보유 수량은 대출자와 그 세대구성원 명의로 실제보유하고 있는 모든 주택으로 함 - 1년 이상 해당지역의 납세증명이나 사회보험료 납부증명을 할 수 있는 해당지역 비호구(非戶口) 주민이 주택대출을 신청할 경우 차별화된 주택대출정책을 적용
2010. 9. 29.	「중국 인민은행과 중국 은행 관리감독위원회의 차별화된 주택대출정책의 완비에 관련된 문제에 관한 통지」	- 각 상업은행은 개인의 세 번째 주택이상의 구매에 대한 대출제공을 잠정적으로 중단 - 1년 이상 해당지역에 납세증명이나 사회보험납부증명을 할 수 없는 해당지역 비호구 주민에게 잠정적으로 주택대출 중단 - 상품주택의 대출구매에 있어서 최초납입금 비율을 30% 이상으로 상향 조정. 두 번째 주택구매의 대출에 대해서는 최초납입금 비율이 50% 미만이 되어서는 안 되며 대출금리가 기준금리의 1.1배 미만이어서는 안 됨
2010. 10. 19.	중국 인민은행의 금융기관 예대기준금리 인상 결정	- 2010년 10월 20일부터 금융기관의 예대기준금리를 0.25%p 상향 조정함. 이로써 1년 만기 예금금리는 기존의 2.25%에서 2.5%가 되었고, 1년 만기 대출금리는 5.31%에서 5.56%가 됨
2010. 10. 20.	「주택공적금 예대금리 조정에 관한 통지」	- 5년 이하(5년 포함)와 5년 이상의 주택공적금 대출금리를 각각 0.17%p와 0.18%p 인상
2010. 11. 29.	「베이징 주택공적금 개인대출정책 규범화 문제에 관한 통지」의 실현에 관한 통지	- 두 번째 주택구매에 있어서 주택공적금 대출대상을 현재 보유하고 있는 주택의 건축면적이 28.81㎡ 미만인 경우로 제한
2010. 12. 25.	중국 인민은행의 금융기관 예대기준금리 인상결정	- 2010년 12월 26일부터 금융기관의 예대기준금리를 0.25%p 상향 조정함

(3) 세수우대정책 취소, 주택구매제한 실시

국가세무총국은 2010년 3월 두 명 혹은 두 명 이상이 공동으로 90㎡ 이하의 보통상품주택을 구매하는 경우, 그 중 한 사람이라도 주택보유 기록이 있으면, 최초 주택구매에 있어서 세수상의 혜택을 받을 수 없다고 하였다.

베이징 정부는 2010년 5월 1일부터 세대당 베이징에서 한 채의 상품주택만을 구매할 수 있다고 규정하였다.

[표 3] 2010년 부동산 세수 정책

일 시	정책 명칭	정책 주요 내용
2010. 3. 9.	「최초 주택 구매로 보통상품주택 구매에 있어서 계약세 관련 정책에 관한 통지」	- 두 명 혹은 두 명 이상이 공동으로 90㎡ 이하의 보통상품주택을 구매함에 있어 한 명이라도 주택보유기록이 있다면 최초 주택구입에 있어서의 계약세 우대혜택을 받을 수 없음
2010. 5. 19.	「토지증치세 청산 관련 문제에 관한 통지」	- 토지증치세 청산에 있어서 수입에 대한 확정과 부동산 개발 비용 공제 등 문제를 명확히 함

(4) 보장성 주택공급 확대, 정부의 주택가격 상승 억제와 민생 안정에 대한 결심을 보여줌

2010년 국무원에서 베이징 각 부 위원회가 발표한 부동산시장에 관한 정책에서는 예외 없이 보장성 주택 건설용지의 공급 및 투자건설의 확대와 관련된 내용을 포함하고 있다. 이들 정책은 각 지방정부로 하여금 보장성 주택의 건설공정의 속도에 박차를 가하고 중소형 보통상품주택과 보장성 주택의 건설목표 달성에 최선을 다할 것을 요구하고 있다. 중국 중앙정부는 보장성 주택에 관련된 정책인 「공공임대주택의 가속발전에 관한 지도의견」, 「염가임대주택관리 강화 관련문제에 관한 통지」 등을 발표하였고, 12차 5개년 규획에서도 보장성 주택공급을 확대할 것에 관한 명확한 요구를 하고 있다. 12차 5개년 규획에서는 5년의 기간 동안 베이징에서는 공공임대주택을 더욱 확대하여 보장성 주택의 공급비율을 제고할 것이 명시되어 있다. 또한 보장성 주택이 전체 주택건설에서의 비중이 60%에 달할 것과 공공임대주택이 보장성 주택에서 차지하는 비중이 60%에 달할 것을 동시에 요구하였다.

[표 4] 2010년 보장성 주택 관련 정책

일 시	정책 명칭	정책 주요 내용
2010. 4. 23.	「염가임대주택 관리강화 관련 문제에 관한 통지」	- 염가임대주택 관리의 강화, 염가임대주택의 공정한 대상선정 및 유효사용 확보
2010. 6. 8.	「공공임대주택 가속 발전에 관한 지도의견」	- 도시 중하위 소득계층의 주거문제 해결을 목표로 함

2) 정책 영향 분석

(1) 토지가격의 안정 회복

2010년 3월 최고가 토지(地王) 가 나타나 해당 토지 주변지역의 주택가격이 급등하는 현상이 나타났다. 중국 정부는 이에 적시에 그리고 연이어 토지와 부동산 개발회사 행위를 대상으로 하는 정책과 관리감독 조치를 내놓았다. 이에 2010년 베이징 토지시장에서 토지가격은 안정 추세를 회복하였고, 주택가격 상승의 근본적인 영향요인을 효과적으로 억제하였다.

(2) 주택가격의 급등 억제

정책역량이 강력했고 조정이 적시에 이루어졌기 때문에 주택가격의 빠른 상승이 효과적으로 억제되었다. '베이징 중위엔'의 수치의 의하면 2010년 신규주택과 기존주택의 가격상승률은 2009년과 비교하여 모두 하락하였다.

[표 5] 2008~2009년 주택가격 및 상승률

시 점	신규주택가격	상승률	기존주택가격	상승률
2008. 12.	11,910		17,371	
2009. 12.	18,306	53.7%	22,441	29.2%
2010. 12.	21,420	17.0%	23,661	5.4%

(3) 보장성 주택과 용지공급 증가

중앙정부의 강력한 요구에 의하여, 정책적으로 보장성 주택의 공급이 증가하였다. 2010년 베이징 토지시장에서 공급된 6,400ha 중 주택용지가 2,500ha였으며, 보장성 주택용지 공급은 1,250ha에 달해 전체 주택용지 공급량의 약 50%에 달했다.

2010년 베이징 정책적 보장성 주택의 건설 및 구매계획은 염가임대주택 4,000채, 공공임대주택 10,000채, 경제적용주택 32,000채, 분양가상한주택 30,000채, 이주민 주거주택 60,000채 등 총 136,000채이다.

[표 6] 2006~2010년 보장성 주택 착공면적

(단위: ha)

2006년	2007년	2008년	2009년	2010년	총 계
115	592	803	938	1,200	3,648

위의 표에서 보듯이 보장성 주택의 착공면적은 해마다 증가했으며, 2010년의 경우 1,000ha를 초과했다.

(4) 투기 및 투자수요의 효과적 억제

투기 및 투자수요 억제에 대한 강력한 정책 실시로 2010년 첫 번째(4월) 및 두 번째(9월) 조정정책 실시 후 거래량이 크게 감소하였다. 이것은 수요가 효과적으로 억제되었음을 의미하며 그 중에서도 투기 및 투자수요가 정책의 주요한 조정대상이었으며, 이들 수요가 우선적으로 시장에서 구축(驅逐)되었음을 설명하고 있다. '베이징 중위엔'의 거래수치에 의하면 조정정책 이후 투자수요에 의한 거래비중이 연초의 15~20%에서 5~10% 사이로 감소하였다.

2. 2010년 기존주택 시장 분석

1) 신규주택과 기존주택 거래량은 전반기 다(多), 하반기 소(少)

2009년의 주택시장이 사상 유례 없는 반등을 겪은 후 2010년 초반 주택시장은 활황세가 계속 유지되었다. 비록 2월에 춘절이라는 계절적 요인의 영향으로 거래량이 다소 줄어들긴 했었지만, 춘절이 지난 후에는 다시 신규주택과 기존주택 거래량 모두 큰 폭의 증가를 보이면서 3~4월에 최고치를 기록했다. 그 후 4월에 발표된 부동산 조정정책인 '국(國)10조'와 '경(京)11조'가 연달아 발표되면서 베이징 주택시장은 침체에 빠지기 시작했고 거래량은 급속히 감소하였다. 7~8월에는 가격 증가율의 하락으로 거래량이 다소 증가하였다. 9월에 들어서는 주택시장에서 반등의 조짐이 보였지만 10월에 다시 중국 정부에서 두 번째 조정정책의 발표하면서 10월 거래량은 다시 하락하였다. 2010년 베이징 주택시장에서 신규주택과 기존주택의 거래량 비율은 0.57:1이었다.

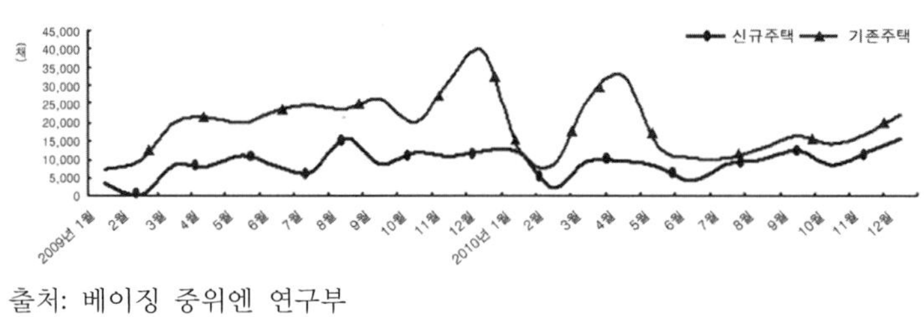

출처: 베이징 중위엔 연구부

〈그림 1〉 베이징 신규주택과 기존주택 거래량 추세

2) 2010년 베이징 기존주택 거래량은 2009년과 비교하여 약 30% 감소

2010년 2월 춘절 이후 베이징 기존주택시장에서는 공급과 수요가 모두 왕성하게 분출되었고 이로 인해 3~4월에 높은 거래량이 나타났다. 그러나 5월에는 조정정책의 영향으로 거래량이 크게 줄어들었다가 7~8월에는 안정세를 회복하면서 거래량이 점차 증가하였다. 하지만 9월 말 이후 조정정책이 더욱 강력해지면서 거래량은 다시 감소했지만 강성수요가 여전히 강하게 존재하고 있기 때문에 연말로 가면서는 거래량이 다시 회복되는 추세를 보였다.

2010년 베이징 부동산거래관리 사이트에 등록된 기존주택 거래량은 196,586채로 2009년의 266,775채와 비교하여 26.3% 감소하였다.

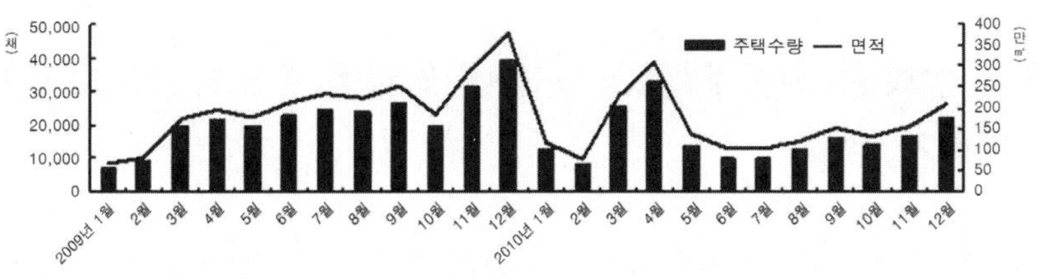

출처: 베이징 중위엔 연구부

〈그림 2〉 2009~2010년 베이징 기존주택 거래 추세

3) 기존주택가격은 전반기에 고(高), 하반기에 저(低), 2009년 말 수준으로 회귀

2010년에 들어서 1~4월까지 주택가격은 지속적인 상승세를 보였다. 하지만 5월부터 거래량이 크게 감소하면서 가격 상승률도 하락 추세를 보이기 시작하였다. '베이징 중위엔'의 수치에 의하면 2010년 12월 기존

주택 가격은 23,661위안/㎡으로 2009년과 비슷한 수준으로 회귀되었다.

아래 그림에서 보면, 2010년에 있어서 기존주택 평균가격의 상승은 주로 상반기 특히 3~4월 사이에 나타났으며, 4월에 발표된 긴축정책의 영향으로 5월부터 주택가격이 하향 추세를 보이기 시작하여 2009년과 근접한 수준으로 회귀하는 모습을 보이고 있다.

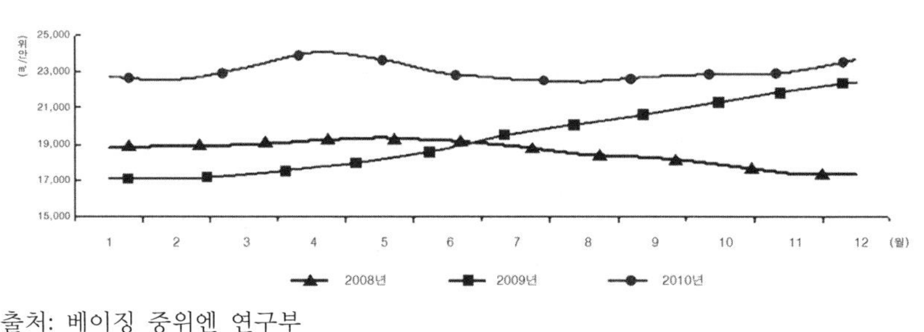

출처: 베이징 중위엔 연구부

〈그림 3〉 2008~2010년 베이징 기존주택 거래가격 추세

4) 두 번의 조정은 주택시장 변동에 영향을 주었고 소비자 심리도 변화가 생김

춘절 전후, 3월 양회(兩會)[3]기간까지에는 시장에 관망세가 존재하였다. 하지만 양회에서 나올 것이라고 예상했던 부동산시장 조정에 대한 실시세칙이 발표되지 않으면서 관망세를 보이던 강성수요가 본격적으로 분출되면서 주택가격이 큰 폭으로 상승하는 양상을 보이게 되었다. 거래량과 거래가격의 상승은 소비자 시장 예측에 영향을 주어 4월 초순까지 주택거래량과 거래가격은 지속적으로 큰 폭의 상승을 보였다. 하지만 4월 중순에 발표된 조정정책의 영향으로 5월, 6월, 7월 시장거래량은 감소를 하였다. 기존주택시장에서 이러한 시장의 움직임이 매도자의 급매물 증가와 수요자의 관망세로 나타났다. 수요자들이 조정정책의

3) '전국인민대표대회'와 '중국인민정치협상회의'의 약칭

영향으로 주택가격이 큰 폭으로 하락할 때까지 기다리는 관망세가 강하게 나타나면서 주택구매를 위해 분양사무소를 찾는 발길이 크게 줄어들었다.

전통적으로 중국 부동산의 호황기인 9월에 접어들어 많은 수요자들이 시장에 참여하기 시작하였다. 특히 상대적으로 판매가격이 저렴한 단지에 수요자들이 집중적으로 몰리면서 수요자들이 수용가능한 범위 내에서 분양가가 책정된 단지의 거래가 활발한 양상을 보였다. 이에 주택시장이 다시 반등의 조짐을 보였고 이에 두 번째 조정정책이 나오게 되었다. 9월 조정정책에서는 최초 주택구매의 대출에 있어서도 최초 납입금 비율을 30%까지 상향조정하고 금리를 인상하는 등 다양한 수단이 동원되었고 이에 10월부터 주택시장은 다시 강한 관망세를 보이면서 거래량이 크게 감소하였다.

11월과 12월에는 주택가격 추세가 비교적 안정세를 보이면서 일부 강성수요가 지속적으로 시장에 유입되었다. 비교적 긴 시간 동안 시장 추세를 주목해 왔던 일부 주택수요자들이 시장가격이 안정적인 추세를 보이는 것을 보고 점진적으로 시장에 참여하게 되어 지역별로 다른 정도의 거래량 증가가 나타났다.

5) 소형주택의 거래비중 증가

2010년은 가히 '조정정책의 한 해'라고 부를 수 있을 정도로 많은 조정정책들이 나왔다. 이는 시장에서의 투자 및 투기수요 억제에 긍정적인 영향을 미친 것과 동시에 주택시장에서 거래되는 크기별 주택의 거래비중에서도 변화를 유발했다. 4월에서 10월에 이르기까지 두 차례에 걸친 조정정책의 영향으로 최초납입금 비율이 상향조정되었고, 두 번째 주택구매의 대출이 엄격해지고, 세 번째 주택구매에 대해서는 대출이 금지되었고 거래단계의 세비비용도 증가하여 주택시장 수요자들이 수용능력에도 변화가 생겼다. 5월 이후 조정정책의 영향으로 60~80㎡의 소형주택이 주택거래에서 차지하는 비중이 점차 증가하는 모습을 보였다. 이 규모의 소형주택은 면적이 작고 총 주택가격이 상대적으로 저렴하여 일반 주택수요자들의 실제 주거 수요를 만족시킬 수 있어 강성수요의 주된 구매대상이 되었다.

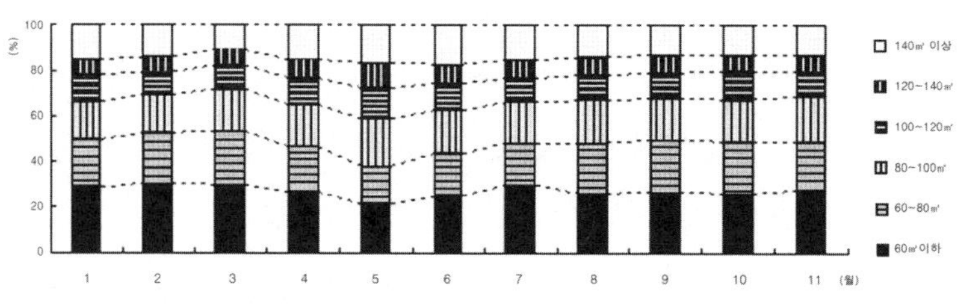

출처: 베이징 중위엔 연구부

〈그림 4〉 2010년 베이징 주택면적별 거래 추세

3. 2011년 베이징 주택시장 전망

1) 거시조정 측면

(1) 조정의 방향은 민생보장

12차 5개년 규획기간 동안 국토자원부는 중국 중앙정부의 토지와 주택공급에 있어서 민생보장을 강화하려는 정책의지를 반드시 실현하겠다고 밝혔다. 2011년 토지이용구조를 크게 개선하여, 실거주용 및 중소형 상품주택 건설용지 공급을 대폭 증가하고 주택가격과 토지가격을 효과적으로 억제하려는 정책과 조치들을 펼칠 것으로 보인다.

(2) 보장성 주택은 적절한 시기에 충분한 양을 공급하게 될 것

중국은 부동산시장의 빠른 발전에 따라 나타난 사회적 모순과 문제의 해결방안으로 보장성 주택이 강조되고 있다. 이런 흐름에 따라 12차 5개년 규획에서는 보장성 주택의 건설촉진과 공급확대를 강조하고 분양가 상한주택, 염가임대주택, 공공임대주택 등의 다양한 유형의 보장성 주택으로 중저소득 계층의 주택수요를 만족시킬 것을 강조하였다. 12차 5개년 규획 기간 동안 베이징은 공공임대주택의 규모를 확대시킬 것과 보장성 주택에 대한 토지공급을 크게 확대할 것이라고 밝혔다. 이를 위해 100만 호의 보장성 주택을 건설하게 되며 보장성 주택이 전체 주택공급에서 차지하는 비중이 60%에 달하는 것과 공공임대주택이 전체 보장성 주택에서 차지하는 비중이 60%가 되는 두 가지 목표의 실현을 위해 노력하게 된다.

(3) 방산세의 시범적 운영

중국 재정부 세수종합처의 처장인 '저우취엔화'는 최근 한 회의에서 12차 5개년 규획기간 동안 점진적으로 방산세 개혁을 추진할 것이며 방산세가 점차 지방정부의 세수수입에서 중요한 비중을 차지하는 구조가 될 것이라고 하였다. 동시에 방산세의 개혁은 이미 중앙정부 차원에서 그 의지를 명확히 밝혔기 때문에 반드시 징수하게 될 것이라고 하였다. 그리고 방산세의 징수는 기존주택 중 고급주택에서부터 징수대상이 될 것이라고 밝히면서 베이징도 멀지 않은 시점에 방산세를 시범적으로 징수하게 될 것이라고 하였다. 보유단계에 대한 재산세 성격의 방산세 징수는 일정부분에 있어서 주택에 대한 투자성 수요를 억제하는 작용을 하게 될 것으로 보인다.

(4) 정책기조가 '적당한 여유'에서 '안정적'으로 전환

중국 공산당 중앙정치국회의에서는 확정한 2011년 경제운영 방향에서는 적극적인 재정정책과 안정적인 통화정책을 구사할 것을 언급하였다. 그 중 통화정책은 기존의 “적당히 완화된 혹은 적당히 여유 있는” 정책기조에서 ‘안정적인’ 기조로 전환되었다. 이것은 2010년에 이어서 2011년에도 중국 정부가 부동산 영역에 대한 유동성 유입을 통제하려는 의도로 보이며 동시에 물가상승 압력에 대응하기 위한 것으로 보인다. 이를 통해서 금리인상 등이 단행되어 마이너스 금리상황이 종식된다면 화폐가치 보존을 위한 부동산 투자수요가 일부분 억제될 것으로 보인다.

2) 시장매매 측면

(1) 2011년 주택수요 일정부분 분출 거래량과 가격 안정

2010년의 두 번의 부동산시장에 대한 조정정책으로 시장에서의 투자수요와 일부 강성수요가 모두 억제되어 주택시장에 관망세가 강하게 나타나 주택구매 수요자들이 주택구매시기를 미루었기 때문에 2011년에는 수요가 일정부분 분출될 것으로 보인다. 2011년에도 거시적인 조정정책이 지속될 것이기 때문에 주택의 거래량과 가격 모두 보수적인 안정추세를 보일 것으로 예상된다. 특히 신규주택 공급 증가와 보장성 주택의 대량 공급이 예상되기 때문에 2011년 주택가격은 큰 변동은 없을 것으로 보인다. 신규주택 거래량은 대략 10만 채 정도 될 것으로 예상되며, 그 중 보장성 주택이 상당한 비중을 차지하게 될 것이다.

신규주택시장의 공급증가의 영향으로 기존주택의 수요일부가 희석될 것으로 예상되며 이로 인해 기존주택 거래량은 안정적 추세를 유지할 것으로 보인다. 그러나 기존주택이 신규주택과 비교하여 갖는 입지적 우월성으로 볼 때 장기적으로 주택시장에서의 비중은 점차 확대될 것으로 예상되어 약 18~20만 채 정도가 거래될 것으로 예상된다. 또한 가격 측면에 있어서 조정정책의 영향으로 지속적으로 안정세가 유지될 것으로 보인다.

(2) 보장성 주택의 확대

보장성 주택의 공급 측면에 있어서는 주택건설부가 발표한 보장성 주택건설 관련 문건에서 2011년에 공급되는 보장성 주택과 천막촌 개량주택이 2010년 580만 채보다 72.4% 증가한 1,000만 채에 달해야 할 것을 요구하고 있다. 이 때문에 2011년 보장성 주택의 공급이 크게 증가할 것으로 보이며 특히 해당지역의 중저소득계층 상황과 신규취업 인구, 외지에서의 유입인구 규모와 주거상황 등을 고려하여 특히 공공 임대주택의 공급이 크게 증가하게 된다. 따라서 이들 중저소득 계층의 주거문제가 크게 해소되면서 전체적으로는 주택시장의 수급불균형을 일부 해소하여 주택가격 안정의 역할을 하게 될 것이다.

베이징의 경우 여전히 1가구당 1채의 주택구매만을 허용하는 주택구매제한 정책을 유지하기 때문에 수요가 크게 억제되고 있으면서 동시에 신규주택 건설이 유효공급으로 이어지는 과정에 생길 수 있는 수급불균형 모순을 일부 해결해주고 있다. 공급 측면에서는 2011년 주택공급량이 점차 증가되는 과정에 있고 수요 측면에서는 여전히 일정 정도의 정책규제가 가해지면서 주택상품이 시장으로 유입되어 유효공급을 크게 형성하는 시점에서는 상품주택과 보장성 주택 및 보장성 임대주택 등의 각 수요를 만족시키면서 주택시장에서 새로운 균형점이 나타나게 될 것으로 보인다.

2010~2011년 베이징 임대시장 분석

궁핑(宮萍)[4]

개요 2010년 매매시장의 지속적인 조정의 영향으로 인하여 2010년 베이징 임대시장은 비교적 호황을 나타냈다. 임대시장이 계절적 요인의 영향을 받는 것 외에 매매시장과 상호영향을 주게 된 것은 2010년 임대시장의 새로운 특징이라 하겠다. 부동산시장에 대한 조정정책이 지속되면서 주택수요자들이 매매시장에서 관망세가 두드러지면서 매매시장은 빠른 속도로 냉각되어갔고 이는 임대시장의 수요증가를 자극시켰다. 2010년 상반기 베이징 임대시장의 임대료 가격은 비교적 큰 상승을 기록했으며 하반기에 들어서는 비교적 안정적 추세를 회복했다. 임대료 상승의 영향으로 인해 다수의 사람이 연합하여 방 2개와 3개 주택을 임대하는 경향이 증가했다. 2011년 베이징의 경제 추세는 여전히 안정적인 성장을 하게 될 것이며, 임대수요의 왕성은 베이징 임대시장의 거래를 활발케 하여 임대료 상승이 나타날 것이다. 이와 동시에 지하철 따싱(大興)선, 팡산(房山)선, 이좡(亦庄)선, 창핑(昌平)선, 15호선의 우선적 개통구간 등 교외지역선의 개통으로 임대거래 활발지역이 외적인 확장을 하게 될 것이다.

■ 키워드: 임대료 상승, 임대수요 증가, 매매수요의 임대수요로 전이, 지하철 교외선

1. 2010년 베이징 임대시장 분석

1) 2010년 임대수요 왕성 거래 활발

베이징 부동산거래 관리 사이트의 수치에 의하면, 2010년 베이징 임대시장의 거래량은 2009년과 비교하여 비교적 큰 증가를 했으며,

4) 베이징 중위엔 부동산 시장부 부(副)총경리, 베이징 부동산중개업협회 감사

임대시장의 월별 거래 추세는 2009년과 대체적으로 비슷하여 계절적 요인의 영향을 크게 받았다. 3월과 4월 춘절연휴를 끝내고 베이징으로 돌아오는 인구의 증가에 따라서 베이징 임대시장은 연내 첫 번째 상승기를 맞이했다. 6월에는 대학과 대학원 졸업생들로 인해 주택 임대수요가 다시 증가했다. 9월에는 졸업생들의 직장생활이 본격적으로 시작되면서 이들의 임대수요와 함께 이사수요가 함께 크게 증가하여 임대거래량이 대폭 증가했다.

2010년 베이징 임대시장 거래가 활발했던 원인은 크게 두 가지 요인을 들 수 있다. 우선 베이징 상주인구는 2,000만 정도이고 그 중 반년 이상 베이징에 거주한 외지인구는 약 800만에 달한다. 이들에 의한 임대수요는 방대하며 이들로 인한 계절적인 임대수요 증가변동은 거래량 증가에 영향을 끼쳤다. 그 다음은 조정정책의 실시로 주택구매에 대한 강성수요가 억제되면서 일부 주택구매 수요자들이 임대시장으로 유입되어 거래량을 증가시켰다.

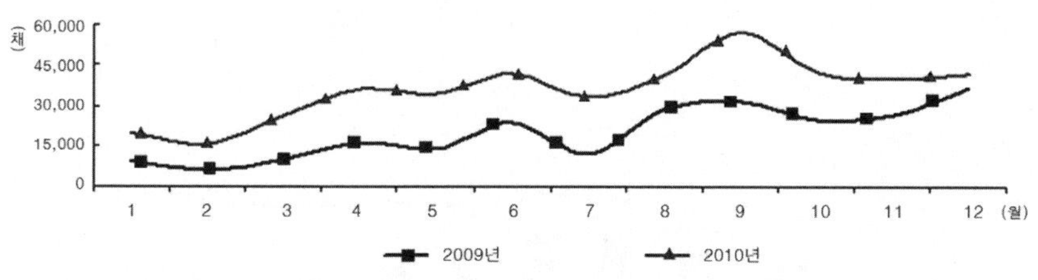

출처: 베이징 부동산거래관리 사이트

〈그림 1〉 2009년~2010년 베이징 기존주택 임대거래 추세

2) 2010년 임대가격은 큰 폭 상승 후 안정세 회복

2010년 베이징 임대가격은 전반기에는 지속적인 상승세를 보였고 그 상승 폭도 비교적 큰 편이었다. 그 주요한 원인은 춘절 연휴가 끝난 후 베이징으로 돌아오는 인구가 증가하면서 임대시장에서의 수요를

크게 증가시켰고, 크게 증가한 철거로 인한 임대수요, 고3 학생들의 대입준비를 앞둔 학교근처의 주택임대 수요, 졸업을 앞둔 대학생 혹은 대학원생들의 졸업 전 사전(事前)적인 주택임대 수요 등에 더하여 4월에 크게 강화된 부동산 조정정책으로 일부 주택구매 수요자들이 관망적인 태도를 취하면서 임대시장에 유입되어 4월과 5월의 임대거래량이 크게 증가하였고, 임대가격도 크게 상승하였다.

2010년 하반기에 들어서는 베이징정부의 매매시장에 대한 지속적인 조정으로 인하여 주택구매 수요자들의 관망적인 태도가 장기화와 더불어 더욱 짙어졌고, 일부 강성 수요가 더욱 억압되면서 이들 수요가 지속적으로 임대시장으로 유입되었다. 그리고 주택가격이 높은 수준에서 형성된 후 하락하지 않는 가운데, CPI가 상승하면서 간접적으로 집주인들로 하여금 임대가격을 현 수준에서 유지하면서 하향시키지 않도록 하였고, 동시에 임대거래가 활발한 지역에서 주택 시공품질이 더욱 좋고 가전제품 등 시설완비가 잘 되어있는 임대물량이 점차 많아지면서 결과적으로는 하반기 임대시장의 임대료는 비교적 안정적인 추세를 보였고 큰 폭의 변동은 나타나지 않았다.

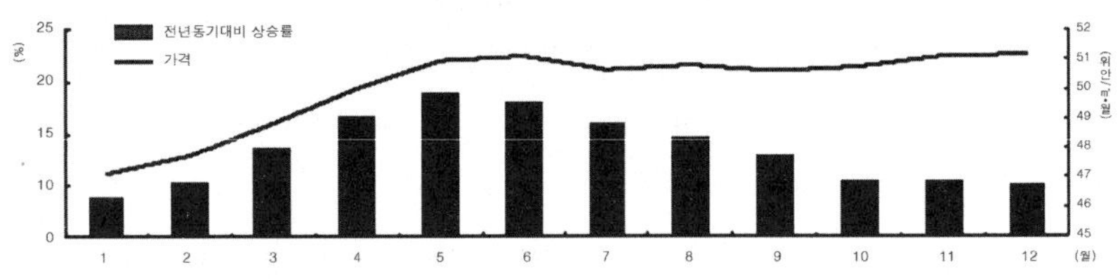

출처: 베이징 중위엔 연구부

〈그림 2〉 2010년 베이징 주택임대 평균가격 전년동기대비 추세

3) 임대료 상승의 영향으로 방 2개 혹은 3개짜리에서의 연합임대[5] 가 증가

2010년 베이징 주택 임대시장은 임대료 상승의 영향으로 인해 임대거래된 주택 가운데 중대형 주택의 임대 비율이 크게 증가하긴 했으나 여전히 방 1개와 2개의 소형이 임대거래의 주류를 이루었다. 특히 방 2개 주택의 거래량이 가장 많았다. 방 1개 주택의 임대거래 비중은 2009년의 39.8%에서 2010년 37.9%로 감소했고, 방 2개와 방 3개 주택의 비중은 모두 증가하여 각각 39.8%와 18.6%를 기록했다. 2009년의 경우 방 2개와 방 3개 주택의 비중은 38.6%와 17.5%였다. 방 2개와 방 3개 주택의 임대거래가 늘어난 이유는 2010년 임대료가 크게 상승하면서 연합임대를 하는 인구가 크게 늘었기 때문이다.

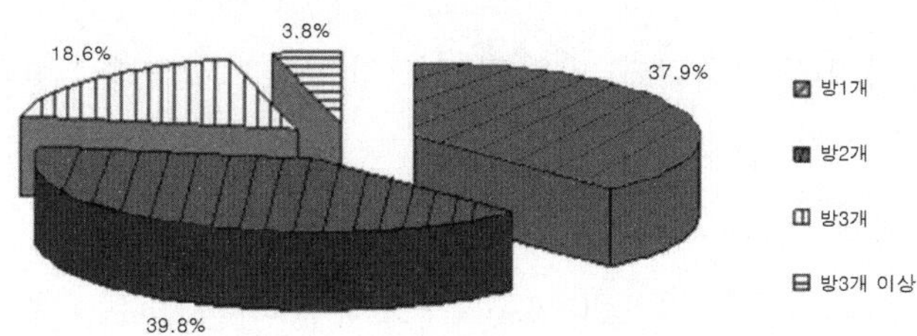

출처: 베이징 중위엔 연구부

〈그림 3〉 2010년 베이징 주택구조별 임대거래 비율

4) 매매시장의 관망세로 임대시장으로의 유입 증가

2010년 베이징 주택매매시장이 지속적인 조정의 영향을 받음으로 인해 임대시장은 큰 호황을 겪었다. 그 중 계절적 요인의 영향 외에

5) 비싼 임대로 때문에 여러 명이 같이 집을 임대하고 같이 임대료를 부담하는 것, 젊은 세대 사이에 크게 증가함.

매매시장과의 상호영향은 2010년 임대시장의 큰 특징이 되었다. 예를 들어, 2010년 2분기 4월 조정정책들이 본격적으로 다수 나오면서 주택 매매수요자들이 관망세를 보였고, 매매시장의 위축은 임대시장을 자극하여, 주택매수 수요자와 주택매도 수요자 모두 주택매매를 미루고 임대시장으로 진입하였다. 이로 인해 4월의 임대수요가 크게 증가하였고 5월에도 역시 조정정책의 영향으로 일부 주택구매수요가 임대시장으로 유입되었다.

5) 임대거래 활성화 지역이 궤도교통 주변지역으로 확장

(1) 임대료 저렴, 교통 편리지역

2010년 베이징 임대시장 중 거래량이 많았던 지역은 교통이 편리하거나 임대료가 상대적으로 낮은 특징을 보였다. 부동산 중개업체인 '베이징 중위엔'이 조사한 수치에 의하면 2010년 임대거래 중 37%의 임차인이 임대가격이 적합하다고 판단되어 거래하였고, 25%의 임차인이 교통이 편리해서 거래한 것으로 나타났다. 이를 통해 임대료와 교통이 베이징 임대시장의 임대거래 결정에 있어서 가장 중요한 요인임을 알 수 있다. 이러한 특징을 가진 비교적 대표적인 지역으로는 통저우(通州), 스징산(石景山), 마자푸(馬家堡), 송자좡(宋家庄), 티엔통위엔(天通苑) 등을 들 수 있다.

(2) 베이징 남쪽 궤도교통의 영향

베이징 남쪽 지역은 원래 궤도교통 발전이 미비한 지역이었다. 2009년 9월 지하철 4호선이 개통된 후 지하철 5호선과 함께 남쪽지역 주민의 교통문제를 다소 완화하는 작용을 하였다. 지하철 4호선의 개통은 남쪽지역과 하이디엔취(海淀區) 간의 출퇴근 시간을 단축시켰으며, 또한 중관춘(中關村) 과 금융가와의 교통시간도 단축하여 이들 상업지역에서 근무하는 일부 인구들로 하여금 남쪽지역에서 비교적 낮은 임대료의 주택을 찾을 수 있도록 하여 이들 지역의 많은 임대수요자들을 흡수하였다.

(3) 부대편의시설이 성숙한 큰 단지

임대거래에 있어서 성숙한 부대시설과 편의시설은 줄곧 임대거래에 있어서 중요한 요인으로 이들 지역은 임대거래가 활발했다. 이러한 대표적 지역으로는 스지청(世界城), 왕징(望京), 차오칭(朝青), 팡좡(方庄) 등이 있다.

스지청은 부대편의시설이 성숙할 뿐 아니라 주변에 훌륭한 교육여건을 가지고 있어서 임대시장에서 장기적으로 거래가 활발한 지역이다. 왕징은 동 2환과 동 3환 상무지역과 인접해 있을 뿐 아니라, 편의시설이 발달되어 있고 13호선과 인접하여 임대수요가 왕성하다. 차오칭은 CBD 지역에 인접하여 국제무역센터나 CBD 인접지역에서 근무하는 고소득계층의 임대수요가 왕성하다. 팡좡은 지역 내에 롱탄후(龍潭湖) 공원과 티엔탄(天壇) 공원 등이 있고, 주거환경이 우수하고, 교통 및 편의시설이 발달하여 임대수요가 많다.

2. 2011년 베이징 임대시장 전망

1) 임대시장의 호황 지속

2011년 베이징의 경제발전은 여전히 안정적인 성장 추세를 보일 것이며, 베이징의 임대시장 거래량도 지속적으로 활발한 모습을 전망이다. 여전히 높이 형성되어 있는 베이징 주택가격 때문에 구매자금이 불충분한 일부 주택구매수요가 2011년에도 지속적으로 임대시장으로 유입되어 임대거래량을 증가시킬 것이다. 또한 전통적인 임대수요 — 대학 및 대학원 졸업 후 베이징에서 직장을 구한 젊은 층의 임대수요, 자녀학군을 위한 임대수요, 외지인구의 임대수요 등 — 가 2011년에도 여전히 확대되어 2011년 베이징 임대시장은 호황을 지속할 것으로 보인다.

2) 주택가격과 CPI의 상승으로 임대료 상승

2010년 베이징 임대가격이 크게 상승했던 것은 계절적인 임대수요의 원인 외에 베이징 매매시장과 임대시장 간의 상호작용, CPI의 지속적 상승이 그 주된 원인이었다. 2009년 이래 베이징 주택가격은 지속적인 상승을 하고 있을 뿐 아니라 상승 폭도 비교적 컸으나, 임대가격은 상대적으로 안정적 추세를 보였다. 매매시장과 임대시장의 상호작용의 영향으로 낮은 임대 수익률은 필연적으로 임대인들의 임대가격 결정에 영향을 주어 임대가격이 상승하게 될 것이다.

그 외 CPI의 지속적 상승과 임차인들의 임대주택에 대해 요구하는 주택품질 상향 및 가전제품 등 편의시설 완비요구 증가 등의 원인으로 인해 임대인이 임대가격을 높이는 것에 대한 임차인들의 수용능력과 수용의사가 증가한 점도 2011년 임대료 상승의 주요 원인이 될 것이다.

3) 5개 교외지역 궤도교통의 개통으로 임대거래 활발지역의 외적 확산

2010년 말 베이징에서는 교외지역으로 연결되는 5개의 지하철 — 따싱선, 이좡선, 팡산선, 창핑선 1기, 15호선의 일부 — 이 개통되었다. 이 5개 노선은 베이징 대부분의 교외지역을 아우르기 때문에 교외지역과 시내지역의 경계를 좁히고 베이징 시내에서 활동하는 인구의 주거선택범위를 확대하고 출퇴근 및 교통에 소요되는 시간을 단축시켰다. 이들 교외지역은 임대료가 상대적으로 저렴하기 때문에 이러한 교통편의시설의 구축은 이들 지역에 대한 임대수요를 증가시켜 기존의 임대거래 활발지역이 외향적으로 확산되는 결과를 낳을 것이다.

2010년 상하이 부동산업 분석

천저밍(陳則明)[6]

개요 2010년 상하이 부동산시장의 투자 및 건설의 각 항목은 안정적인 상승세를 보였다. 그러나 준공면적과 판매면적은 일정 정도 감소하였고, 주택가격은 상승한 동시에 지역별 분화현상이 나타났다. 상하이 정부는 염가임대주택 경제적용주택 공공임대주택 천막촌 개량주택 등 4개 유형으로 구성되는 보장형 주택시스템(四位一體)을 기본적으로 구축하였다. 주택구매제한과 방산세의 실시는 부동산시장에 중요한 영향을 끼쳤다.

■ 키워드: 방산세, 주택구매제한, 주택보장, 주택가격

1. 2010년 상하이 부동산시장 분석

2010년 상하이 정부는 부동산시장을 경제성장과 내수진작, 산업구조조정, 개혁추진, 민생개선 등과 유기적으로 결합하고 부동산시장에서 발생하는 새로운 상황과 문제에 대해서 적시에 적절한 조치를 취하였다. 상품건물시장의 지속적이고 안정적인 발전을 위해 토지가격과 건물가격의 급등을 억제하는 동시에 주택보장에 관해서는 염가임대주택, 경제적용주택, 공공임대주택, 천막촌 개량주택 등 4개 유형으로 구성되는 보장형 주택시스템(四位一體, 이하 '四位一體') 구축의 기본적 토대를 마련하였다.

---

6) 상하이 사회과학원 부동산업연구중심 부주임

1) 부동산 개발투자는 전년대비 증가 추세

2010년 상하이 부동산 기성 개발투자액은 1,980억 6,800만 위안으로 전년대비 35.3% 증가했다. 상품건물의 유형별로 보면, 상품주택 개발투자액은 1,144억 6,300만 위안으로 전년대비 38.5% 증가했고 전체 개발투자에서 차지하는 비중은 62.7%였다. 오피스건물 개발투자액은 204억 800만 위안으로 전년대비 8.7% 증가했으며 전체 개발투자에서의 비중은 11.2%였고, 상가건물 개발투자액은 219억 8,600만 위안으로 전년대비 18.3% 증가하였고 비중은 12%였다.

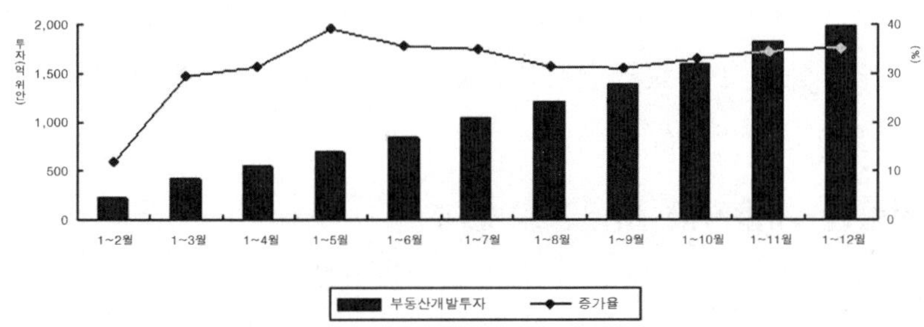

〈그림 1〉 2010년 상하이 부동산 기성 개발투자액 추세

부동산 개발투자 중 보장성 주택의 건설투자가 크게 증가하여 전년대비 72.3%가 증가한 335억 4천만 위안이 투자되어 상하이 부동산 개발투자 증가를 촉진시켰다. 토지구매비용은 비교적 명확하게 증가하여 한 해 동안의 토지구매비용은 449억 2,700만 위안으로 전년대비 1.1배 상승하였고 부동산 개발투자에서의 비중은 22.7%로 부동산 개발투자액 증가의 중요한 원인이 되었다.

2) 부동산 건설규모 안정적 증가

부동산 개발투자의 증가 추세에 따라 상품건물의 건설규모도 지속적으로 확대되었다. 2010년 상하이 상품건물 시공면적은 1억 1,295만 300㎡로 전년대비 13.4% 증가하였다. 그 중 상품주택 시공면적은 7,313만 8,500㎡로 전년대비 11.6% 증가하였다. 2010년 상하이 상품건물 신규착공면적은 3,030만 5,900㎡로 전년대비 21.7% 증가하였고 그 중 상품주택 신규착공면적은 2,111만 1,100㎡로 전년대비 22.7% 증가하였다. 그러나 지난 몇 년 동안의 시공 및 착공규모의 감소로 준공면적은 감소추세를 보였다. 2010년 상하이 상품건물 준공면적은 1,941만 2,500㎡으로 전년대비 7.8% 감소하였지만 하반기로 갈수록 감소 폭은 줄어들었다. 그 중 상품주택 준공면적은 1,685만 3,500㎡로 7.5%감소하였다.

3) 부동산 개발자금 자금상황 양호

2009년 은행대출규모 확대의 영향으로 인해 2010년 상하이 부동산 개발기업들의 자금상황은 비교적 양호하였다. 그러나 2010년 한 해 동안 상품건물의 판매면적이 지속적으로 감소하면서 부동산 개발기업의 조달자금 중에서 계약금과 개인주택 담보대출은 급속히 감소하였다. 상하이 부동산 개발기업의 조달자금은 4,443억 8,500만 위안으로 전년대비 23.1% 증가하였다. 그 중 2009년의 잉여자금이 1,214억 5,600만 위안으로 78.1% 증가하였고 2010년 조달된 자금은 3,229억 2,900만 위안으로 10.3% 증가하였다

[표 1] 2010년 상하이 부동산 개발기업 자금조달 상황

구 분	당해 조달자금(억 위안)	증가율(%)	비중(%)
합 계	3,229.29	10.3	100
국내대출	819.57	28.6	25.4
외자이용	96.05	2.8배	3.0
자기조달자금	1,070.88	72.1	33.2
기타자금	1,242.78	-24.3	38.5
계약금 및 선수금	810.39	-26.4	25.1
개인주택 담보대출	239.88	-42.9	7.4

인민은행 상하이 총본부 통계수치에 의하면 2010년 11월 말 상하이의 중국 자금계열의 상업은행의 위안화 부동산 대출잔여액은 8,298억 7,100위안으로 전년대비 19.2% 증가하였다. 그 중 부동산 개발 대출 잔여액이 3,072억 1,900위안으로 전년대비 20.1% 증가하였고 개인주택 담보대출 잔여액은 4,629억 4,500위안으로 15.9% 증가하였다. 주택공적금 대출 잔여액은 여전히 증가 추세에 있었지만 2010년의 증가 폭은 크게 감소하였다. 11월 말 상하이 주택공적금 대출잔여액은 1,118억 6,500 위안으로 전년대비 18% 증가하였지만 2010년에 당해 연도의 대출액은 280억 1,600위안으로 44.7% 감소하였다.

4) 상품건물 판매면적 감소

주택가격의 급등을 억제하고 부동산시장의 건강한 발전을 위하여 중국 정부는 2010년 지속적으로 부동산시장 조정정책을 내놓았다. 상하이 정부는 4월에 발표된 부동산 조정정책의 효과를 더욱 공고히 하고 부동산가격의 안정을 유지하기 위해 10월 초 국경절 연휴기간에 「상하이 부동산시장 조정과 주택보장업무의 추진의 진일보 강화에 관한 몇 가지 의견」을 내놓았다. 각종 조정조치들의 작용으로 상하이 부동산시장에서 투기성 및 투자수요는 효과적으로 억제되었고 부동산시장의 판매면적도 크게 감소하였다.

상품건물 판매면적은 지속적으로 감소하였고 감소 폭도 다소 확대되었다. 2010년 상하이 상품건물 판매면적은 2,055만 5,300㎡로 전년대비 39% 감소하였다. 그 중 상품주택 판매면적은 1,685만 3,500㎡로 전년대비 42.4% 감소하였다. 2010년 상하이 신규 상품건물 평균 판매가격은 14,213위안/㎡이었다. 기존주택 거래면적의 감소 폭도 다소 확대되었다. 상하이 부동산 거래 중심의 통계에 의하면 2010년 상하이 기존건물 거래면적은 1,966만 8,600㎡로 전년대비 30% 감소하였고 그 중 기존주택 거래면적은 1,522만 2,100㎡로 38.9% 감소하였다. 2010년 상반기 기존주택 거래면적은 증가 추세를 유지했지만 그 증가 폭은 점차 축소되었고, 7월 이후부터 감소가 나타나 이후로는 감소 폭이 확대되었다.

5) 보장성 주택건설 확대

2010년 경제적용주택 철거민 이주주택 등 보장성 주택의 판매면적은 735만 4,600㎡로 전년대비 15.4% 증가하였다. 경제적용주택과 철거민 이주주택 등 보장성 주택을 제외한 시장에서 순수한 신규 상품주택의 평균 판매가격은 20,995위안/㎡이었다.

염가임대주택의 혜택의 대상은 더욱 넓어졌다. 2010년 상하이 정부는 저소득 계층의 주거문제 해결에 주력하여 염가임대주택의 신청기준에 부합하는 신청가구에 대해서는 최대한 보장을 해주려고 하였다. 주거곤란가정 표준에 적용되는 1인당 주거면적[7])의 표준을 그대로 둔 채, 소득과 재산표준은 상향하여 혜택을 받을 수 있는 대상이 넓어졌다. 2010년 말 상하이 염가임대주택의 혜택을 받는 누적 가구수는 7만 7천 가구에 이르며 그 중 2010년에 새로이 염가임대주택에 주거하게 된 가구가 약 9,000가구에 이른다.

---

7) 상하이의 경우 1인당 주거면적이 33.07㎡ 이하인 주택에 거주하는 가정을 주거곤란가정으로 봄.

경제적용주택은 안정적인 시작을 보였다. 완비된 주택보장시스템 구축을 위하여 상하이 정부는 경제적용주택 제도를 적극적으로 추진하여 경제적용주택의 개발, 건설, 구매신청 및 심사, 공급관리 등에 관련된 일련의 운영기제의 틀을 기본적으로 형성하였다. 중저소득 계층의 주거 문제를 해결하기 위하여 쉬훼이(徐滙)와 민항(閔行) 두 지역에서 시범적으로 실시했던 경제적용주택의 경험의 기초 위에 경제적용주택 구매 조건을 완화하였다. 이로써 상하이의 이 두 구(區)지역에서 경제적용주택을 신청한 가구는 2,500가구에 달했고 그 중 1,900여 가구가 주택 선택(選房)에 참여하였다.

2010년에는 또한 철거민 이주주택에 대한 건설도 크게 이루어졌다. 상하이 정부는 철거민 이주주택건설을 대규모의 주거단지의 개발과 결합하여 지속적으로 건설함으로써 철거로 인한 이주수요를 효과적으로 만족시켰다.

다양한 보장성 주택의 시스템을 구축하고 주택시장구조를 완비하며 시장에서의 선택기회를 좀 더 풍부히 하기 위하여 기존의 경제적용주택과 철거민 이주주택 외에 공공임대주택제도를 적극적으로 도입하여 상하이 청년근로자 계층과 외지 인재들의 주거수요를 만족시키려는 노력을 하였다. 2010년 9월 「상하이 시 공공임대주택 발전의 실시의견」을 발표하였고, 9월과 10월에 상하이 두 개 지역에 시범적으로 공공임대주택 건설을 착공하여 상하이 보장성 주택의 다양성을 확대하였다.

6) 신규상품 주택가격의 지역적 세분화 두드러짐

상하이를 지역적으로 다시 세분화해서 보면 내환선(內環線) 이내 지역의 신규상품 주택판매는 69만 4,700㎡으로 상하이 신규상품 주택판매의 4.1%의 비중을 차지했다. 내환선과 외환선 사이 지역의 신규상품 주택판매면적은 448만 9,800㎡으로 26.6%의 비중을 차지했고, 외환선(外環線) 밖 지역의 신규상품 주택판매면적이 1,166만 9,000㎡으로 전체의 69.2%의 비중을 보였다.

가격 측면에서 보면 2010년 신규상품주택 평균 판매가격은 내환선 안쪽 지역이 48,032위안/㎡이었고, 내환선과 외환선 사이 지역이 14,831위안/㎡ 그리고 외환선 바깥 지역이 11,961위안/㎡이었다.

경제적용주택과 철거민 이주주택 등 보장성 주택을 제외한 순수 신규상품주택만을 가지고 보면, 내환선 안쪽 지역의 판매면적이 69만 4,700㎡으로 전체의 7.3%의 비중을 차지했고, 내환선과 외환선 사이 지역의 판매면적이 224만 6,800㎡로 전체의 23.7% 그리고 외환선 바깥 지역의 판매면적이 655만 7,300㎡로 69%의 비중을 보였다. 그리고 가격 측면에서는 내환선 안쪽이 48,032위안/㎡, 내환선과 외환선 사이가 23,634위안/㎡ 그리고 외환선 바깥이 17,227위안/㎡이었다.

2. 방산세 시범운영의 평론

2011년 충칭과 상하이 지역에 있어서 방산세의 시범적 징수운영이 발표되었다. 충칭의 경우 방산세의 과세대상이 고급주택으로 되어 있으며, 상하이의 경우 방산세 과세대상이 신규 상품주택으로 제한되었다. 재산세는 세수체제의 3대 세종(稅種) 중의 하나이다. 그 중 공평과 효율의 기능을 가장 잘 발휘할 수 있는 것은 토지보유단계에 있어서 발생한 수익에 대한 과세라 할 수 있다. 19세기 말 현대토지제도 개혁운동의 핵심인물인 경제학자 조지 헨리가 주장했던 토지단일세의 영향으로 중국의 손중산(孫中山) 등은 '평등한 토지권리(平均地權)'와 '토지가격 상승이득은 공공으로 귀속(漲價歸公)' 등의 이론기초를 만들게 되었다.

중국의 상황에 있어서 토지세는 1994년의 분세제(分稅制) 개혁보다 더욱 큰 의미를 갖는다. 토지보유단계에 있어서의 가치상승이득은 양성

(良性)적인 세수의 기본이 되며 빈곤문제 해결과 지속적인 부동산시장의 발전에 중요한 전제조건이 된다. 또한 중앙과 지방정부 사이의 재정분배 문제를 조절하고 지방정부의 소위 '토지재정' 문제를 해결할 수 있는 효율적인 방법이 될 것이다.

토지시장은 '매튜효과(Matthew Effect)'가 존재하는 시장으로 토지는 희소성으로 인해 지속적인 가치상승을 하게 된다. 토지가격은 미국의 경우에도 백 여 년 동안 지속적인 상승을 했고 경제위기의 단기적인 조정을 거친 뒤에는 다시 지속적으로 상승했다. 이러한 토지가격의 상승은 부동산 개발회사가 창출한 것도 토지소유자의 노력으로 창출된 것도 아니며 경제사회 발전에 의해 이루어진 것이다. 따라서 토지가격 상승에 의한 수익은 공공으로 돌아가야 하며 정기적이며 정확한 감정평가에 근거한 재산세 부과가 이루어져야 한다.

부동산세는 가장 실패적인 세종(稅種) — 건축물에 대한 과세 — 과 가장 효율적인 세종 — 토지에 대한 과세 — 이 결합한 것으로 건축물의 공급구조에 영향을 미쳐 공급량 감소를 유발할 수도 있다. 하지만 이에 반해 토지단일조세의 경우 토지의 공급을 떨어뜨리지 않고 토지이용 효율을 제고시키는 개발행위를 억제하지 않으며 오히려 토지개발 효율에 유리하게 작용할 수 있다.

일정 비율의 물업세 징수는 중국대륙 경제의 건강한 발전을 위한 기본적인 전제조건의 하나이다. 재정부에서는 홍콩과 대만의 부동산세제를 고찰한 후 물업세 징수에 대한 연구에 착수했으며 16차 3중 전회에서 물업세의 개념을 처음으로 제시하였다. 또한 부동산세제를 주제로 하는 다량의 연구가 이루어져 왔다. 하지만 물업세의 경우 새로운 세종으로서 입법과정에 있어서 많은 난관과 시간소요가 예상된다. 이에 정부는 우선 방산세를 추진하여 여론과 재정의 압력을 완화하고자 하는 것이다. 충칭과 상하이에서 시범적으로 운영되는 방산세는 모두 원(原) 방산세의 법규를 따르고 있다. 그러나 원 방산세가 건축물의 원래가치(매입가격)를 과세표준으로 삼았던 것과 비교하여 충칭과 상하이에서 시범적으로 운영되고 있는 방산세는 건축물 판매가격을 과세표준으로 하고 있어 토지가치의 상승에 관한 과세의도가 명확하게 포함되어 있다.

부동산조정이 행정간섭, 금융수단, 부동산거래단계의 세제에서 토지보유세제로 전환되는 것은 경제효율과 사회공평의 최선의 선택이다. 따라서 충칭과 상하이에서의 시범적 운영은 매우 긍정적인 의의를 갖는다.

3. 주택구매 제한에 대한 평가

2011년 2월 18일 상하이 정부는「주택구매제한령 실시세칙」을 발표하였다. 이는 2010년에 발표한 주택구매제한령에 대한 구체적인 실시방안이다. 주택구매자가 부동산의 이전등기를 신청하기 전에 반드시 구(區)나 현(縣)의 '건축물상황정보 자문창구'에서 주택구매자와 그 세대구성원의 상하이에서의 주택보유상황에 대한 심사를 받게 된다. 상하이 주택구매제한령 실시세칙의 규정에 의하면 2011년 2월 11일부터 상하이에 이미 단 1채 주택을 보유하고 있는 상하이 호구를 가진 가구나 주택구매일로부터 계산하여 2년 내에 상하이에서 1년 이상 개인소득세를 누적으로 납세한 증명 혹은 사회보험금 납입증명을 제시할 수 있는 상하이 호구가 아닌 가정에 한하여 제한적으로 주택 1채를 구입할 수 있다. 즉 상하이에 이미 2채 이상의 주택을 소유한 상하이 호구가정이나 이미 1채 이상의 주택을 소유한 상하이 호구가 아닌 가정 그리고 최근 2년 동안의 1년 간의 개인소득세 납세증명이나 사회보험금 납입증명을 제시할 수 없는 상하이 호구가 아닌 가정은 잠정적으로 주택구매를 할 수 없게 되었다.

주택구매제한령은 과거에 사회주의 시절 중국이 사용했었던 양식배급표나 물품배급표처럼 상품공급이 부족한 상황에서 취하는 극단적인 조치로서 언론매체에서는 이를 빗대어 '주택배급표'라고 부르기도 했었다. 주택구매제한령이 효과를 발휘할 것인가 여부의 관건은 시장에서 나타났던 문제들이 투기에 의해서 발생했던 것인가에 달려 있다. 역사적으로 돌이켜볼 때 양식배급표나 물품배급표는 투기를 억제하였고 공평한 분배를 달성할 수 있었다. 하지만 이러한 배급표는 공급탄력성에 별다른 도움을 주지 않는다. '주택배급표'는 단기적으로 투기세력에 의한 주택투기는 억제할 수 있겠지만, 중국의 도시화 공업화로 인한 장기적인 수요와 공급균형 문제에는 커다란 작용을 할 수 없다.

중국에서 가장 유명한 투기상인들로 불리는 '원저우(溫州)투기단'들이 도대체 얼마나 어느 정도의 투기를 했고 어느 정도의 수익을 올렸는지, 주택수요에서 어느 정도의 비중을 차지하는지는 아직 체계적으로 통계된 적이 없다. 베이징의 경우 가장 먼저 주택구매제한령을 실시했지만 주택가격은 여전히 높은 수준에서 머물고 있다. 투기수요가 주택가격을 과도하게 상승시켰다는 가설의 전제는 진정한 원인이 아니거나 아니면 적어도 주요한 원인이 아닐 가능성이 크다. 주택가격이 수요와 공급에 의해 결정된다고 하면, 주택구매제한령은 단지 주택판매만을 위축시키며, 수요와 공급주체는 모두 관망세를 보이는 가운데 주택가격은 여전히 높은 수준에서 머물게 될 가능성이 크다. 주택시장의 강성수요가 억제될 수는 있지만 소멸될 수는 없다. 만약 근본적으로 시장의 수급불균형문제를 해결하지 않은 상황에서 일단 주택구매제한령이 해제된다면 시장은 반복적으로 반등할 수밖에 없다. 이는 과거 여러 번의 조정정책의 실시경험이 증명하는 사실이자 교훈이다.

주택구매제한령은 비교적 강한 행정간섭이다. 행정간섭의 이론적 근거는 거품이론이다. 시장실패로 인해 가격기능이 제대로 작용하지 않아 거품에 대한 리스크가 크다고 판단되면 행정간섭을 통해서 시장과 다른 가격산정의 원칙을 제시한다는 것이다. 하지만 부동산시장에서 행정간섭의 운영은 잘 쓰이지 않는다. 부동산거품의 전형적인 선례인 일본의 경우에도 강제적으로 수요나 면적 그리고 가격을 제한하는 등의 직접적인 행정간섭수단은 취하지 않았다. 부동산시장의 조정은 최종적으로 금융과 세수의 수단을 통해 시장을 발전시키기도 제약하기도 해야 한다. 주택구매제한령은 단지 임시방편일 뿐이다.

2010년 션전 부동산시장 평론

송보통(宋博通), 원칭(文晴)[8)]

개요 2010년 전국 일급도시 중 하나인 션전의 상품주택시장은 조정의 영향을 받아 거래량은 감소했으나 가격은 오히려 상승했으며, 주택시장 중 기존주택시장이 시장주류로서의 지위가 강해졌다. 오피스시장은 호황을 보이면서 공실률은 감소했고 임대료는 상승했다. 상가용 건물의 경우에도 임대료가 상승하면서 기존상가용 건물거래는 활발했으나 신규상가의 경우 공급이 수요를 초과했다. 토지시장 중에서는 특히 주거용지 출양시장이 호황을 보였다.

■ 키워드: 션전, 부동산 특구 유니버시아드대회

1. 상품건물 시장의 거래량은 감소했으나 가격은 상승, 기존주택시장은 상대적으로 활발

1) 부동산 개발투자 투자액은 소폭 상승했으나 고정자산투자에서의 비중은 다소 감소

부동산 개발투자액은 2001년에서 2004년까지는 매년 증가했으나, 2005년과 2006년은 보합상태를 보였고, 2007~2009년 사이에는 상대적으로 축소되었다가 2010년에는 다시 증가 추세를 보였다. 2010년 션전시 부동산 기성 개발투자액은 458억 4,700만 위안으로 전년대비 4.8% 증가했다.

---

8) 송보통: 션전대학 토목공정학원 당위원회 서기, 션전대학 부동산연구중심 상무부주임
원칭: 션전대학 토목공정학원 석사

2010년 일급 도시들의 부동산 개발투자액을 비교해보면, 베이징·상하이·광저우·션전의 전년대비 증가율이 각각 24.1%, 34.3%, 20.3%, 4.8%로 션전의 증가율은 다른 세 개 도시들과 비교해 크게 낮았다.

부동산 개발투자액이 고정자산투자에서의 비중을 보면(그림 1), 션전시의 경우 2002년부터 감소하는 추세를 보였다가(2006년의 경우 다소 증가하여 36.3%), 2010년에는 전년대비 2.0%p 떨어져 23.6% 의 비중을 보이면서 가장 낮은 비중을 기록했다.

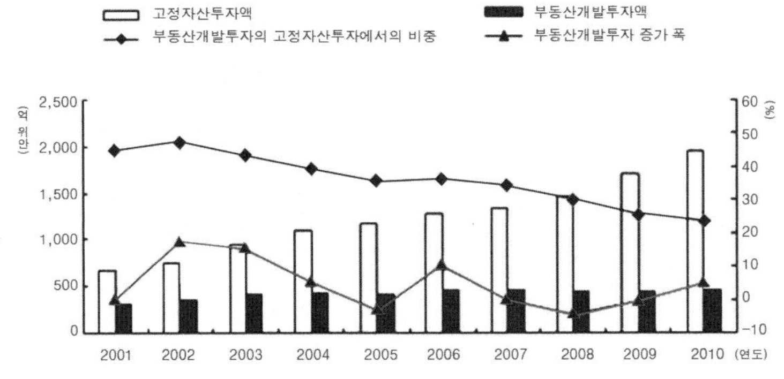

〈그림 1〉 2001~2010년 션전시 부동산 개발 투자 현황

2) 주택시장 거래량은 감소, 주택가격은 상승, 기존주택 시장 활발

(1) 신규상품주택 수요와 공급 모두 감소, 기존주택거래 활발한 추세

상품주택의 수요와 공급 관련 자료를 보면(그림 2) 2004~2006년의 경우 구매자들의 주택에 대한 실거주수요 및 투자수요가 증가하고, 토지공개 출양방식으로 인한 토지비용 상승은 주택가격의 지속적인 상승을 유발하였다. 이는 다시 주택에 대한 수요증가를 불러와 주택시장에는 수요가 항상 공급보다 크게 존재했다. 2007년에 주택가격은 이미 고점을 기록한 후 정부 조정정책의 영향을 받아 조정조짐을 보이다가 2008년 금융위기 영향으로 실거주 수요와 투자수요 모두 관망세를

보이면서 주택수요가 크게 위축되어 공급이 수요보다 큰 상황으로 역전되었다. 2009년 초 주택가격이 이성적 수준에 근접했고 금융위기를 극복하기 위한 부양정책의 영향으로 특히 투자수요를 자극하여 수요가 크게 분출되었고, 공급은 오히려 감소하여 시장에서의 수급 불균형이 크게 형성되어, 주택이 177만 3천㎡가 부족하였고 공급과 수요의 비율은 1:1.38이었다. 2010년에 들어서는 일련의 조정정책이 취해졌고 특히 하반기에 들어서는 주택구매제한 정책의 영향으로 인해 상품주택 예비판매 허가면적은 393만 3,400㎡으로 전년대비 16.7% 감소하였고 실제 판매면적은 320만 9,800㎡으로 전년대비 51.4% 감소하면서 신규주택 거래량이 최근 10년 동안 가장 낮은 수준을 기록하면서 수요가 공급에 미치지 못하는 국면이 재현되었다.

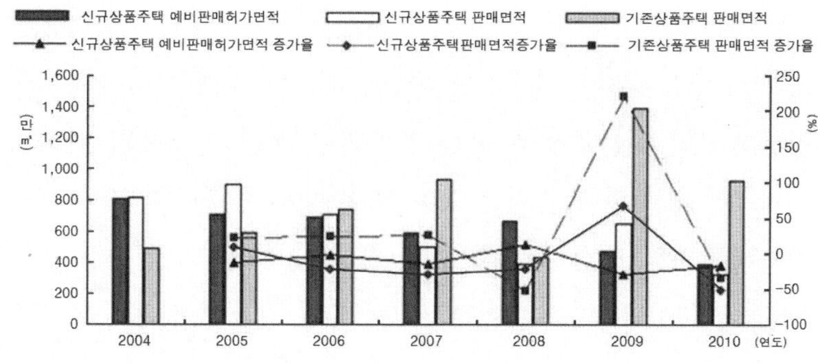

출처: 션전시 부동산정보사이트

〈그림 2〉 2004~2010년 상품주택 예비판매 허가면적과 판매면적 추세

2010년 신규상품주택과 기존상품주택 거래면적의 상황을 보면(그림 3), 신규주택의 거래규모가 전체적으로 감소하면서 판매량이 비교적 큰 변동을 보였다. 이에 비해 기존주택 거래량은 비교적 활발한 추세를 보였다. 2010년 신규주택 판매면적은 기존주택 총 판매면적의 1/3에 불과했다.

신규상품주택시장의 경우 2010년 1분기 신규상품주택의 거래량이 매월 감소하는 추세를 보이다가 4월에는 강한 반등세를 보였다. 하지만 국10조(「국무원의 일부 도시 주택가격의 지나치게 빠른 상승의 단호한 억제에 관한 통지」)의 엄격한 조정정책이 발표된 후 5~8월 사이에 신규 주택시장은 크게 위축되었다. 9월에 들어 신규주택시장은 다시 점진적 회복조짐을 보이기 시작한 후 2010년 말까지 이런 추세가 지속되었다. 9월에 발표된 주택구매제한은 신규주택시장에 대해서는 큰 영향을 주지 못한 것에 비해 기존주택시장에는 상대적으로 명확한 영향을 주었다.

기존상품주택시장의 경우 2009년에서부터 이어진 부동산시장 강세의 영향으로 인해 2010년 1월에도 여전히 거래량이 컸었다. 하지만 2월의 경우 춘절의 영향으로 거래량이 줄어들었다가 3월부터 다시 거래량이 점차 증가하면서 4월에는 거래면적이 최고수치인 105.04만㎡에 달했다. 5월의 경우 기존주택 거래량은 신규주택 거래량의 7배 이상을 기록했으며 6월의 경우 비록 명확한 거래량 감소세가 나타나기는 했지만 그래도 여전히 일평균 300~400여 채의 거래량 수준을 보이면서 여전히 낙관적인 시장 추세를 보였다. 3분기에 들어서 매달 거래량이 조금씩 증가하는 추세를 보이다가 9월 30일 발표된 션전시의 주택구매제한령의 영향으로 인해 10월에는 거래량이 감소세를 보였다. 하지만 연말로 가면서 기존주택 거래량은 다시 증가세를 보이면서 11월의 경우 주택거래면적이 100.63만㎡로 연내 두 번째 높은 수준을 기록했다.

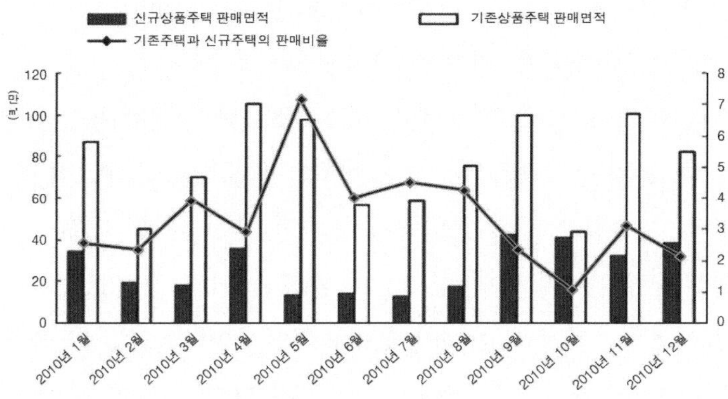

출처: 션전시 규획 및 국토자원 위원회

〈그림 3〉 2010년 신규상품주택과 기존상품주택의 월별 판매면적 비교

(2) 정책의 빈번한 발표로 인한 시장의 동요, 주택가격은 여전히 높은 수준

연도별 상품주택 평균가격 움직임을 보면(그림 4), 2005년 전에는 상승률이 비교적 안정적인 모습을 보이다가 2006년과 2007년에 빠른 상승을 보였다. 그 후 금융위기의 충격으로 2008년에 주택가격 상승률이 큰 조정을 받은 이후 2009년 다시 큰 폭의 반등을 하였고, 2010년의 경우 신규상품주택 평균가격이 20,205위안/㎡으로 사상 최고치를 기록했다.

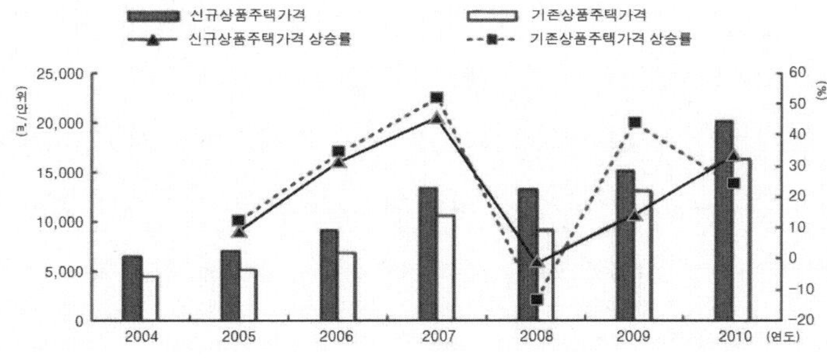

출처: 션전시 부동산정보사이트

〈그림 4〉 2004~2010년 상품주택 가격 추세

신규상품 주택가격의 2010년 추세를 보면(그림 5) 조정정책의 영향으로 인해서 신규주택가격 상승률은 기본적으로 억제되는 효과를 보인 것으로 나타나지만, 그래도 여전히 신규주택가격 자체는 높은 수준에서 형성되었다. 2009년 말 발표된 '국4조[9])'의 영향으로 인해 2010년 1분기 신규주택 평균 거래가격은 매월 하락하였고 특히 3월의 경우 전월대비 16.4% 하락하였다. 4월 17일 국10조가 발표된 이후 정책효과가 단기에 나타나면서 5월 신규주택가격은 20,000위안/㎡이 깨졌고 이러한 하락 추세는 계속되어 8월의 경우 2010년 중 가장 낮은 수준인 17,845위안/㎡까지 떨어졌다. 이는 연초와 비교하여 약 22.8% 하락한 것이다. 9월에 들어서는 많은 신규 분양물량이 시장에 유입되면서 시장에 대한 기대심리에 변화가 생겨 수요와 공급이 모두 왕성하였고 이로 인해 거래가격이 상승하였다. 하지만 9월 30일 션전시가 주택구매제한령을 내놓으면서 9월에 들어 잠시 반짝했던 부동산시장에 대한 조정이 다시 진행되었다. 하지만 주택구매제한의 영향은 국10조에 비해서 단기적인 성격을 보이면서 10월에 가격이 다소 하락한 뒤 11월에 들어서는 다시 상승하는 추세가 나타났고 12월에는 다시 소폭 하락하였다.

기존상품주택의 2010년 가격 추세를 보면(그림 5) 거래량은 전년에 비해 명확하게 감소하였지만 거래가격은 점진적인 상승을 보였다. 연초 14,968위안/㎡에서 12월 19,081위안/㎡으로 27.5% 상승하였다. 월별로 보면 1~4월까지 기존주택가격은 매월 상승하는 추세를 보이다가 4월 17일 국10조의 영향으로 인해 5월과 6월에는 기존주택가격이 다소 하락하는 추세를 보였다. 하지만 신규상품주택이 이 시기 전월대비 하락률이 6.8%와 5.8%였던 것에 비하면 기존주택 전월대비 하락률은 0.7%와 0.1%로 상당히 작았다. 하반기에 들어서 기존주택가격은 안정

9) 2009년 12월 14일 원자바오 총리가 주최한 국무원상무위원회의에서 부동산시장의 건강한 발전을 촉진하기 위해 공급 증가, 투기 억제, 관리감독 강화, 보장성 주택 건설 강화 등의 4부분의 내용을 담은 조치로서 이 조치의 목적은 '주택가격의 급등 억제'라고 명확히 규정하고 있다.

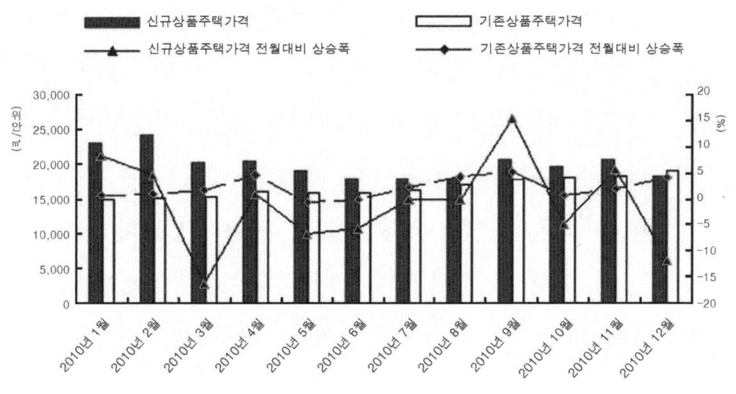

출처: 션전시 규획 및 국토자원 위원회

〈그림 5〉 2010년 신규상품주택과 기존상품주택 판매가격 월별 추세

적인 상승세를 보였다. 9~12월 사이 주택구매제한령에도 불구하고 기존주택가격에 대한 영향은 미비했다.

(3) 거래량은 총체적으로는 축소, 거래가격은 여전히 높은 수준

앞선 <그림 2>에서 보듯이 신규주택과 기존주택의 거래면적은 2006년에서부터 기존주택시장이 신규주택시장의 거래량을 초월한 후 계속하여 그 격차를 벌이고 있다. 2010년 신규주택시장과 기존주택시장을 비교해 보면 기존주택시장의 거래가 절대적인 우위를 차지하여 약 3배 정도의 격차가 있음을 알 수 있다(그림 6). 시장이 크게 반등했던 2009년도와 비교하여 2010년 신규주택과 기존주택시장의 거래량은 큰 폭으로 감소하여 전체적으로는 39.2% 감소했다. 그 중에서 신규주택 거래량은 51.5% 감소했고 기존주택 거래량은 24.8% 감소했다. 그리고 션전시의 주택시장 거래가 가장 위축되었던 2008년과 비교해서는 2010년 거래량은 약 51% 증가했다. 그 중 신규주택 거래규모는 단지 2008년의 82.5% 정도에 불과했으나 기존주택의 경우 2008년과 비교하여 약 2.1배 증가했다.

최근 3년 동안 신규주택과 기존주택의 평균 거래가격은 전체적으로는 매년 상승했다. 그러나 월별 평균가격은 신규주택가격이 변동 폭이 비교적 큰 추세를 보인 반면 기존주택의 경우에는 안정적인 상승 추세를 보였다. 신규주택과 기존주택 평균가격의 차이는 점차 축소되다가 2010년 12월에는 기존주택 평균가격이 신규주택 평균가격보다 높아진 현상이 나타났다. 2010년 12월 신규주택 평균가격은 18,304위안/㎡이었으며, 기존주택 평균가격은 19,081위안/㎡이었다.

선전시 주택용지시장의 공급량 부족으로 인해 신규주택은 가격이 높고 주택구매자가 선택할 수 있는 주택입지가 한정되어 있는 것에 비해서, 기존주택의 경우 분포가 광범위하고 기초 및 편의시설이 비교적 성숙되어 있어 선택범위가 다양하여 거래량이 신규주택시장보다 활발했고 가격도 상승한 원인이 되었다.

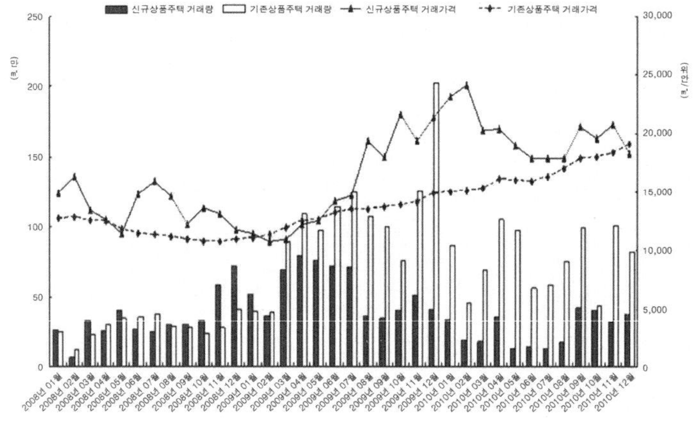

〈그림 6〉 2008~2010년 신규상품주택과 기존상품주택 거래면적과 거래가격 추세

(4) 주택구매제한 및 투기성 수요억제 정책으로 중소형 주택이 주력상품

2010년 주택면적별 거래량을 비교해 보면(그림 7), 140㎡ 이하의 중소형 주택이 주택가격 총 금액 자체가 너무 비싸지 않고 주거에

비교적 적합하기 때문에 강성수요의 주요 구성세력인 최초 주택구매자와 주택개선형 실수요자의 요구에 부합하여 140㎡ 이하 주택의 거래가 전체 주택거래 중 89.8%의 비중을 차지했다. 그 중 70~140㎡의 중형주택의 거래량은 20,737채로 전체에서 차지하는 비중은 약 56.5%에 달했다. 그리고 70㎡ 이하의 소형주택의 경우에는 12,225채가 거래되어 전체에서 차지하는 비중은 약 33.3%였다. 140㎡를 초과하는 대형주택의 경우에는 3,767채가 거래되어 전체에서 차지하는 비중은 10.2%로 가장 낮았다.

2010년 주택면적별 거래면적을 비교해 보면(그림 7), 140㎡ 이하의 중소형 주택의 거래가 246.7만㎡로 전체 거래면적 중 76.9%를 차지했다. 그 중 70~140㎡의 중형주택의 거래가 182.3만㎡로 전체의 56.8%를 차지했고 70㎡ 이하의 소형주택의 거래면적이 64.4만㎡로 전체의 20.1%의 비중을 차지했다. 그리고 140㎡ 초과의 대형주택의 경우에는 거래면적이 74.3만㎡로 주택당 거래면적이 큰 것이 주택거래 자체가 적었던 것을 만회하며 전체에서의 비중은 70㎡ 이하 주택보다 다소 높은 23.1%를 차지했다.

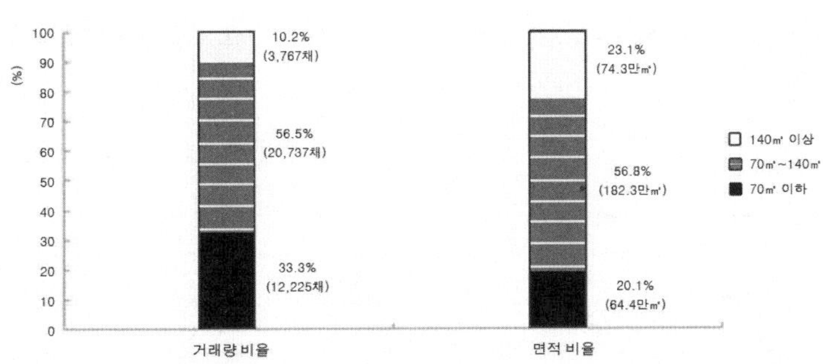

출처: 션전시 부동산정보사이트

〈그림 7〉 2010년 션전시 신규상품주택 주택면적별 거래 구성

(5) 건축물 판매가격지수는 월별로 점차 하락, 다른 1급도시들보다 하락 폭이 큼

전국 및 일급도시의 월별 전년동기대비 가격 추세를 보면(그림 8), 2010년 12월의 경우 연초에 비해 전국 · 베이징 · 상하이 · 광저우 · 션전의 건축물 판매지수가 각각 2.8%, 3.5%, 6.1%, 9.2%, 15.9% 하락하여 션전의 하락 폭이 가장 컸음을 알 수 있다.

베이징과 상하이의 경우 전국 평균 수준과 비슷한 추세를 보였다. 2010년 1~4월까지 건축물판매 가격지수가 매월 상승하다가 4월 17일 조정정책의 영향으로 5월부터 가격지수가 지속적으로 하락하였다.

광저우와 션전의 경우 두 도시의 건축물판매가격지수의 추세가 비슷한 양상을 나타냈다. 연초에 가격지수가 잠시 상승을 했다가 다른 도시들보다 먼저인 3월부터 하락하기 시작하였고, 5월부터는 하락 폭이 더욱 확대되었다가 8월 이후로 안정적인 모습을 보였다. 션전시 주택판매가격지수는 연초의 120.6에서 12월에는 101.4로 하락하여 누적 하락 폭이 다른 일급도시들보다 컸다. 이는 션전시 주택시장이 다른 일급도시들에 비해 정책에 대해서 더욱 민감하다는 것을 의미한다. 그 이유는 션전시 주택시장을 구성하는 주택수요자의 경우 션전시 호적을 가진 인구가 차지하는 비중이 비교적 낮고, 투기수요의 비중이 비교적 크기 때문이다.

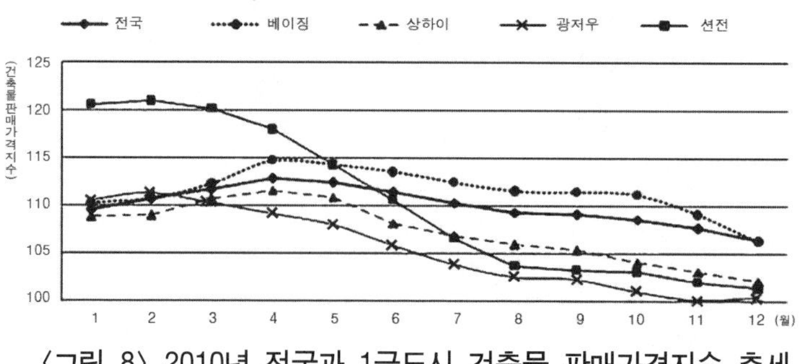

〈그림 8〉 2010년 전국과 1급도시 건축물 판매가격지수 추세

3) 기존주택이 션전 각 지역 주택시장에서 주류를 이룸

(1) 신특구지역의 신규주택거래량이 점차 구특구지역의 거래량 추월, 구특구지역의 경우 기존주택이 주력상품의 지위 확고

2010년 5월 30일 션전특구 내외 일체화의 방안이 국무원의 비준을 얻으면서, 신특구지역의 면적이 구특구지역 면적의 3배를 넘어서게 되어 션전시 발전의 새로운 공간적 토대가 마련되었다. 구특구지역에서의 주택용지 부족이 심화되고, 신특구지역의 주거환경과 기초시설이 점차 성숙해지면서 구특구지역의 입지적 요인이 갖고 있던 주택구매자의 구매주택선정에 있어서 우위로서의 영향력이 감소했다. 2010년 신특구지역에서 판매된 신규상품주택의 면적은 238.9만㎡로 전체 션전시 신규주택 판매면적의 약 74%를 차지했고, 기존주택 판매면적은 433.8만㎡로 전체 션전시 기존주택 판매면적의 46%를 차지했다(그림 9). 신특구지역에서의 신규주택거래량은 구특구지역을 크게 추월하였고 구특구지역에서는 기존주택판매가 주류를 이루었다.

최근 3년간의 신특구지역과 구특구지역의 상품주택 판매수치를 보면(그림 9), 신규상품주택 판매면적의 경우 2008년, 2009년, 2010년 3년 간의 신규주택 판매 중 신특구와 구특구의 비율은 각각 2.57, 1.99, 2.91으로 신특구지역의 신규주택판매가 구특구지역보다 훨씬 많았음을 알 수 있다. 기존상품주택 판매면적의 경우 최근 3년간의 기존주택 판매 중 신특구와 구특구의 비율은 각각 0.83, 1.61, 0.67로 구특구에서의 기존주택 판매비중이 2010년 더욱 증가하여 구특구지역에서의 주택판매의 주요 위치를 차지하고 있음을 알 수 있다.

구특구지역 내에서의 기존주택과 신규주택의 거래비율은 최근 3년 각각 2.2, 2.4, 7.2로 기존주택거래의 비중이 점차 증가하였음이 나타나고 있다. 또한 신특구지역 내에서의 기존주택과 신규주택의 거래비율은 각각 0.71, 2.02, 1.66으로 변동 폭이 비교적 크게 나타나고 있으나,

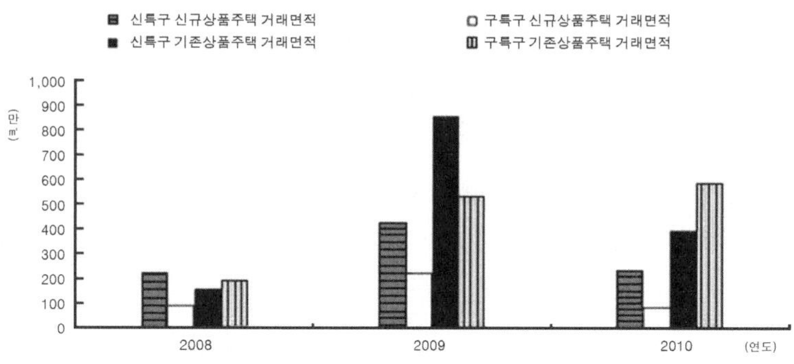

출처: 션전시 부동산정보사이트

〈그림 9〉 2008~2010년 신 · 구 특구지역의 신규상품주택과 기존상품주택 판매면적 비교

기존주택 거래비율이 증가 추세를 유지하고 있어 신특구지역 내에서도 기존주택시장의 지위가 점차 확대되고 있음을 알 수 있다.

(2) 션전 각 구(區) 지역에서 기존주택 거래가 주류

션전시 각 구 지역의 신규주택과 기존주택 판매상황을 보면(그림 10) 2010년 루오후(羅湖), 푸티엔(福田), 난산(南山), 옌티엔(鹽田), 바오안(寶安), 롱강(龍崗)의 6개 구 지역 내의 기존주택과 신규주택의 비율은 31, 14.3, 3.2, 2.0, 2.0, 1.7로 기존주택이 각 구 지역 주택시장 거래에서 주류를 이루었고 특히 루오후 지역의 경우 이런 경향이 더욱 심하였다.

난산지역만이 구특구지역에서 신규주택 거래가 비교적 활발하게 나타나 이 지역에서의 신규주택 거래량은 전체 구특구지역 신규주택 거래량의 68.3%를 차지했다. 루오후와 푸티엔 그리고 옌티엔 세 지역의 신규주택 거래량은 비교적 적었고, 특히 루오후와 푸티엔의 주택시장은 기존주택을 위주로 형성되었다.

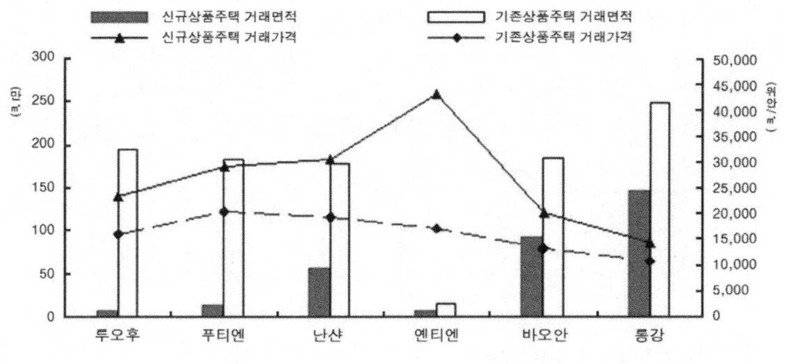

출처: 션전시 부동산정보 사이트

〈그림 10〉 2010년 션전시 각 행정구별 신규 및 기존상품주택 판매현황 비교

4) 신규 오피스 공실률 하락, 기존 오피스 임대료 및 판매가 상승

(1) 신규 오피스건물 공급 부족

2010년 신규 오피스건물 시장은 2008년과 2009년의 공급초과 현상이 완화되어 전체 오피스건물의 공실률은 연초의 10.7%에서 10.2%로 하락하였다. 신규 오피스건물 판매허가면적은 15.7만㎡였고 판매면적은 18.4만㎡에 달해 시장소화율이 117.5%에 달했다(그림 11). 이처럼 높은 시장소화율에도 불구하고 오피스건물의 공급과 판매는 모두 감소하였다. 공급면적의 경우 2004년 대비 84% 감소하였고, 판매면적은 62% 감소하였다.

신규 오피스 건물의 평균 거래가격 추세를 보면(그림 11), 2005년은 2004년에 비해 소폭 하락하였다가 2006년부터 크게 상승하기 시작하여 2007년의 경우 전년대비 약 42% 상승하였다. 2008년의 경우 국내외 악재의 영향으로 인하여 신규 오피스 건물가격이 약 9% 하락하였고, 2009년에는 부동산시장의 활황으로 전년대비 약 32.5% 상승했다. 2010년의 경우 평균가격이 전년대비 약 1.9% 상승한 27,364위안/㎡으로 사상 최고치를 기록했다.

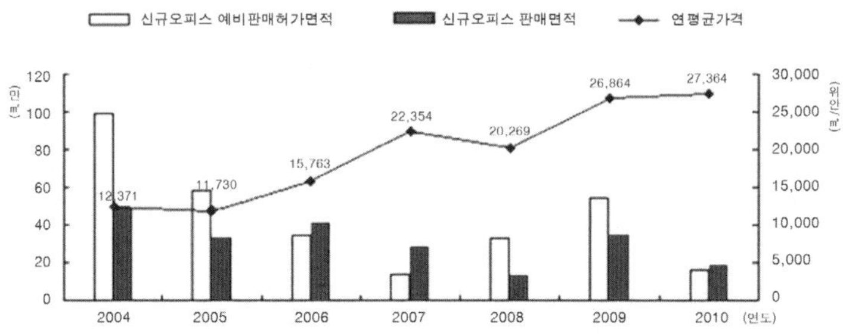

출처: 션전시 부동산정보 사이트

〈그림 11〉 2004~2010년 신규 오피스 시장 추세

(2) 기존 오피스건물 시장 활황

2010년 기존 오피스 시장의 판매호가와 임대료 모두 안정적인 상승 추세를 보였다(그림 12). 2009년 평균 판매호가는 18,991위안/㎡이었고 임대료는 77위안/㎡ · 월이었으나, 2010년에는 전년대비 각각 30.1%와 23.45% 상승한 24,709위안/㎡와 95위안/㎡ · 월이었다. 그 중 9월과 11월의 임대료는 102위안/㎡ · 월이었고, 12월의 경우에는 104위안/㎡ · 월에 달하여 2009년 같은 기간에 비해 약 23% 상승했다.

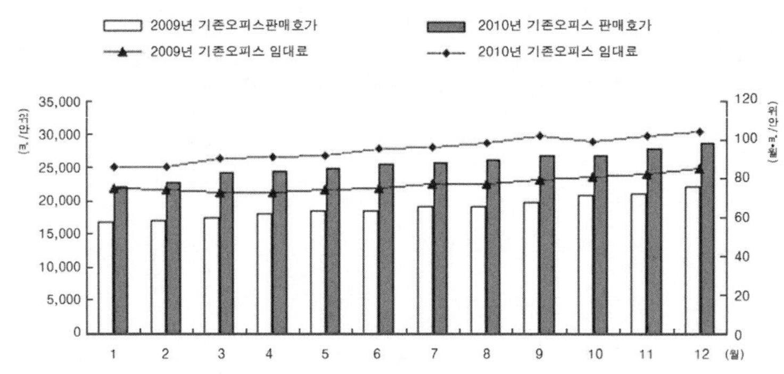

출처: 션전시 부동산정보 사이트

〈그림 12〉 2009~2010년 기존 오피스 건물 판매호가와 임대료 월별 추세

5) 신규상가건물은 공급과잉 현상이 지속, 기존상가건물 시장 활기

(1) 신규상가건물 공급과 수요 모두 감소, 거래가격은 지속적 상승

최근 7년간의 수치를 보면(그림 13), 상가건물의 공급과 수요는 모두 매년 변동 폭이 비교적 컸지만 지속된 사실은 공급이 수요보다 많았다는 것이다. 2010년 신규상가건물의 판매허가면적은 48만㎡였던 것에 비해 판매는 16.4만㎡로 시장소화율이 34.1%로 단지 2008년의 23.3%보다 높고 다른 연도들에 비해서는 낮았다.

상가건물 평균 거래가격의 빠른 상승세는 2007년에 억제되었으나 그 후에도 소폭의 상승 추세를 이어갔다. 2010년 신규상가건물 거래가격은 23,095위안/㎡로 전년대비 2% 상승했고 2004년의 9,590위안/㎡과 비교해서는 약 141% 상승했다.

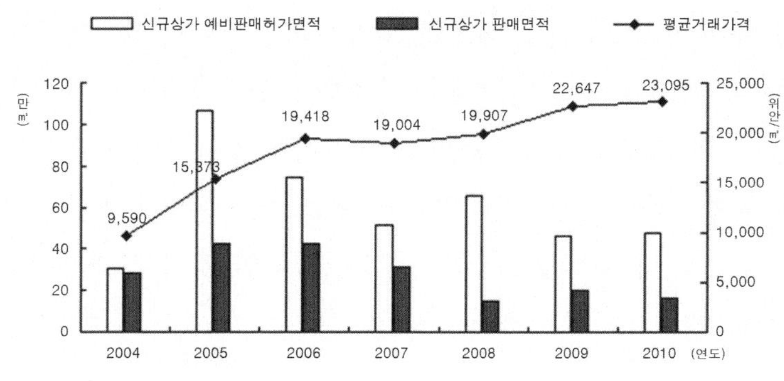

출처: 선전시 부동산정보 사이트

〈그림 13〉 2004~2010년 신규상가건물시장 추세

(2) 기존상가건물 비교적 활기, 임대료 및 판매호가 큰 폭 상승

지역 경제가 회복조짐을 보이고 국가의 내수확대정책의 도움으로 인해 상가건물 시장은 비교적 활기를 보였다. 2010년 기존상가건물의 평균 판매호가와 임대료는 크게 상승하였다. 2009년 평균호가는 40,819위안/㎡

이었고, 임대료는 155위안/㎡ · 월이었고, 2010년의 경우 평균호가는 54,130위안/㎡, 임대료는 210위안/㎡ · 월로 각각 32.6%와 35.5% 상승했다(그림 14).

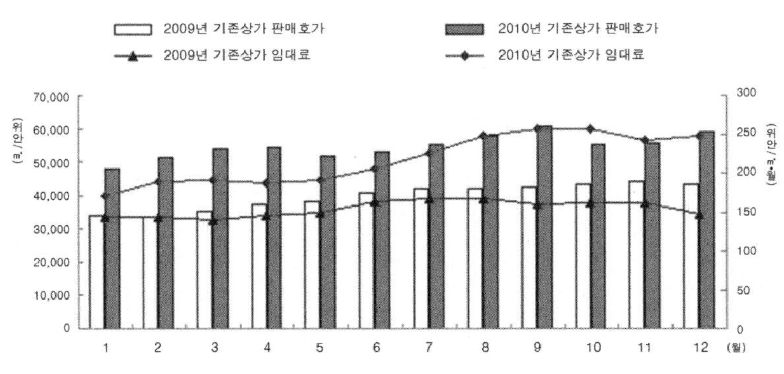

출처: 션전시 부동산정보 사이트

〈그림 14〉 2009~2010년 기존상가건물 판매호가와 임대료 월별 추세

상술한 이야기들을 종합해보면 2010년 상품주택시장은 조정의 영향을 일정한 정도 분명히 받았고 기존주택시장이 주택시장에서 중요한 위치를 더욱 확고히 했다. 2009년과 비교하여 신규주택 거래량은 절반가량으로 감소하였지만 평균 판매가격은 오히려 30% 가까이 상승했다. 기존주택 거래량 역시 25% 가량 감소하였지만 평균 판매가격은 25% 정도 상승했다. 신규오피스건물 공실률은 감소하였고 기존오피스건물의 임대료와 판매가격 모두 크게 상승했으며, 신규상가건물은 지속적으로 공급과잉 현상을 보인 가운데 기존상품건물 시장이 비교적 활기를 보였다.

PART 6
주택보장 편

보장성 주택 건설과 관리 현황, 문제점 및 대책

보장성 주택 건설과 관리 현황, 문제점 및 대책

샤자오웨이(尙教蔚)[1]

개요 주택제도 개혁 이후 많은 국민이 시장체제를 통해 주택문제를 해결했지만 개혁과 함께 탄생한 보장성 주택 건설은 주택시장의 발전수준과 시장화 정도에 미치지 못했고 이로 인해 주거보장에 있어서 심각한 문제점을 나타났다. 이 때문에2007년부터 보장성 주택 건설의 확대가 논의되었고, 2009년에는 보장성 주택 건설을 강화했다. 보장성 주택시스템의 구축은 건설과 관리가 함께 병행되어야 하지만 현재 보장성 주택 건설이 급증하는 상황에서는 관리의 중요성이 더욱 부각되고 있다. 본문에서는 보장성 주택 건설과 관리 현황, 문제점을 분석하고 상응하는 정책을 제시하고자 한다.

■ 키워드: 보장성 주택, 건설, 관리

1. 보장성 주택 건설과 관리 현황

주택제도 개혁 이후 많은 국민이 시장기제를 통해 — 즉 상품주택 매매를 통해 — 주택문제를 해결했고 주거환경을 개선했다. 그러나 주택개혁과 함께 시작한 보장성 주택 건설은 주택건설 발전속도에 미치지 못했고 관리도 매우 부족했다. 현재 중국의 보장성 주택은 크게 염가임대주택과 경제적용주택, 양한상품주택[2], 공공임대주택 등 4가지 종류로 구성된다. 그 가운데 염가임대주택은 2007년까지 서서히 발전했고

1) 중국사회과학원 도시발전환경연구소 부연구원
2) 역주: 분양가와 분양면적의 두 가지를 제한하는 상품주택을 말함.

양한상품주택은 2007년 이후 본격적으로 발전했다. 또 공공임대주택은 2009년 정부업무보고에서 문제를 제기한 후 2010년 건설부 등 관련 부처에서 「공공임대주택 발전 가속화에 관한 지도 의견」을 발표했다. 즉 보장성 주택의 종류 중 그나마 경제적용주택의 역사가 길다고 할 수 있다.

1) 중앙정부에서 보장성 주택 건설과 관리에 주목

주택문제는 중요한 민생문제로서 「부동산시장의 건전한 발전을 촉진하기 위한 약간의 의견」은 보장성 주택 건설에 박차를 가해 3년 동안 도시 저소득가구의 주택문제를 해결하고 판자촌 개량사업을 완성하도록 요구했다. 또 2009년부터 정부업무보고에서 매년 보장성 주택에 대해 구체적인 건설 목표를 제시했다(표 1 참조). 즉 정부가 보장성 주택의 건설과 관리에 주목하고 이를 실천에 옮긴 것이다.

[표 1] 2008~2011년 정부 업무보고의 보장성 주택에 대한 기술

연 도	주요 내용	자금 투입
2008	주택보장체계 수립 강화. 염가임대주택제도 완비, 염가임대주택 건설을 강화. 경제적용주택의 건설과 관리 강화로 도시 저소득계층의 주택문제를 적극 해결	염가임대주택 건설자금이 68억 위안, 전년도 대비 17억 위안 증가
2009	보장성 주택 건설 촉진에 관한 정책을 완비하고 실천하는 데 주력, 3년 동안 750만 도시 저소득가구와 240만 산림과 개간지, 광산촌 판자촌 주민의 주택문제를 해결하도록 요구. 공공임대주택을 적극적으로 발전.	중앙재정에서 보장성 주택보장사업의 자금으로 493억 위안 배정
2010	대규모 주거보장사업을 지속적으로 실시, 보장성 주택 300만 호 건설, 각종 판자촌 280만 호 개조	중앙재정에서 보장성 주택 전용보조금으로 632억 위안 배정, 전년도 대비 81억 위안 증가
2011	보장성 주택 건설 규모 확대. 보장성 주택 및 판자촌 개량주택 착공 1,000만 호, 농촌 위험 주택 개조 150만 호. 공공임대주택 중점 발전. 보장성 주택의 사용과 운영, 퇴출 등 관리제도 수립과 투명도 제고, 사회감독 강화, 조건에 부합하는 가구의 혜택 보장. 신규건설 용지계획에서 보장성 주택용지를 단독으로 배정하여 최대한 보장. 주택보장업무 실시를 성급 인민정부가 총괄 책임지고 시와 현급 인민정부가 직접적으로 책임.	중앙재정예산에서 보조금 1,030억 위안 배정, 전년도 대비 265억 증가. 각급 정부에서 다양한 경로로 자금을 조달해 투자 확대

출처: 2008~2011년 정부업무보고

2) 2009년부터 보장성 주택 건설 확대

2009년부터 염가임대주택건설을 확대하여 3년 동안 도시 저소득가구 747만 세대[3)]의 주택문제를 해결하도록 계획하고 각 성과 시에서 이를 실행에 옮겼다(표 2 참조). 2010년 보장성 주택 건설 규모가 역대 최고를 기록해 보장성 주택과 판자촌 개량주택 590만 채를 착공했고, 그 중 370만 채[4)]가 기본적인 건설을 끝냈다. 2011년에는 1,000만 세대[5)] 규모의 보장성 주택 건설과 판자촌 개량사업을 계획했는데, 그 가운데 판자촌 개량주택이 400만 채였고 경제적용주택과 양한상품주택이 약 200만 채, 염가임대주택이 160만 채, 공공임대주택이 220만 채[6)]였다. 12차 5개년 계획 기간에 보장성 주택사업으로 총 3,600만 호를 건설해 보장성 주택의 보급률을 20%[7)]로 끌어올리기로 했다.

[표 2] 2009~2011년 염가임대주택 보장계획

(단위: 만 채/(호))

합 계		2009년		2010년		2011년	
신규염가임대주택	신규임대보조대상	신규염가임대주택	신규임대보조대상	신규염가임대주택	신규임대보조대상	신규염가임대주택	신규임대보조대상
518.44	190.64	177.30	82.52	179.86	64.89	161.28	43.23

3) '2009~2011년 염가임대주택 보장 계획'에서 2008년까지 전국 도시 저소득가구 747만 세대가 주거문제를 겪고 있는 것으로 나타났다. 주택과 도시농촌건설부 홈페이지, www.mohurd.gov.cn

4) 출처: 「중화인민공화국 2010년 국민경제 및 사회발전 통계 공보」, 국가통계국 홈페이지, www.stats.gov.cn

5) 출처: 2011년 「정부업무보고」, 인민일보 홈페이지, www.people.com.cn

6) 출처: 2011년 양회, 주택과 도시농촌건설부 뉴스브리핑, 인민일보 홈페이지, www.people.com.cn

7) 출처: 위와 동일

3) 경제적용주택 투자 및 준공 규모의 주택 대비 비중 감소

1998~2010년 동안 보장성 주택의 주요 방식인 경제적용주택의 건설은 같은 기간 상품주택건설에 크게 미치지 못했다.

(1) 경제적용주택의 투자규모는 부단히 확대됐지만 주택투자 대비 비중은 감소

경제적용주택의 투자규모는 1998년 271억 위안에서 2010년 1,067억 위안으로 늘어나 누적 투자액이 8,876억 위안에 달했다. 그러나 전체 주택투자에서 차지하는 비중은 1998년 13.0%에서 2010년에는 3.1%로 줄어들어 감소세가 뚜렷했다(그림 1 참조).

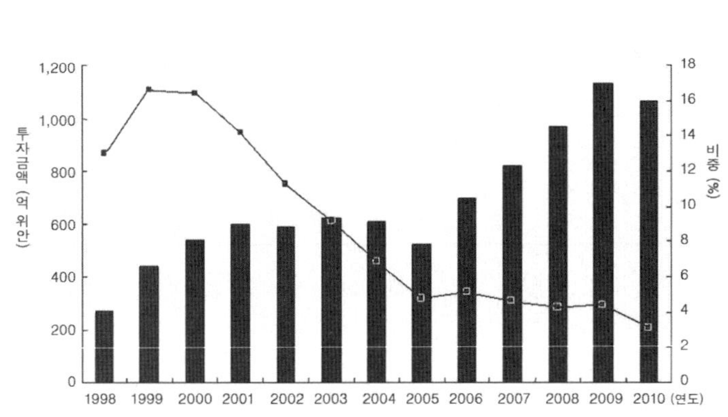

〈그림 1〉 1998~2009년 경제적용주택 투자 및 전체 주택 투자 대비 비중

(2) 경제적용주택 준공규모가 전체 주택에서 차지하는 비중 감소

1998년부터 2009년까지 경제적용주택의 준공규모는 521만 채에 달했지만 전체 주택에서 차지하는 비중은 기본적으로 감소세를 보였다. 1998년의 18.5%에서 2000년에는 28.2%의 최고치를 기록한 후 큰 폭으

로 감소해 2004년에는 12.3%를 기록했고 2005년 이후에 다시 감소하여 2009년에는 7.18%를 기록했다(그림 2 참조). 경제적용주택의 준공 수량이 전체 주택의 준공 수량에서 차지하는 비중이 낮아지면서 시장에서 경제적용주택에 대한 수요와 공급의 불균형이 나타났다. 한편, 경제적용주택의 투자와 준공규모가 전체 주택에서 차지하는 비중의 감소는 다른 한편으로 경제적 수익을 추구하는 지방정부와 부동산 개발회사들이 경제적용주택 건설에 대한 열정이 높지 않았던 것을 보여준다. 심지어 2009년 이전에 각 성과 시에서는 경제적용주택 건설을 중단하는 현상도 나타났다.

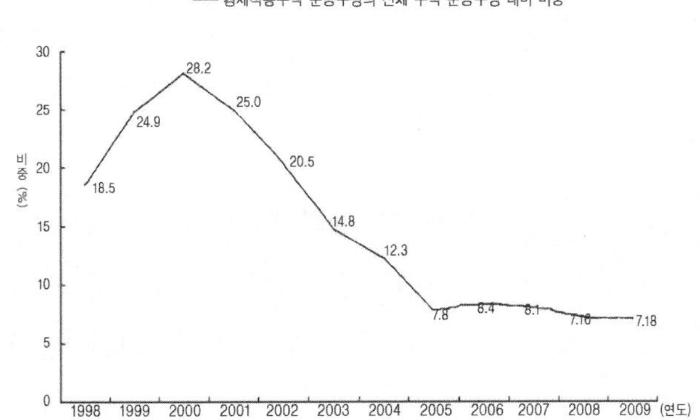

〈그림 2〉 1998~2009년 경제적용주택 준공수량의 전체 주택 준공수량 대비 비중

4) 관리 측면에서 주택보장제도 완비

2007년 발표한 24호 문건은 주택보장제도의 건설과 발전을 크게 촉진했다. 염가임대주택과 경제적용주택을 관리하고 규범화하기 위해 같은 해 '염가임대주택 보장방법'과 '경제적용주택 관리방법'을 발표해 2004년 건설부 등에서 발표했던 「도시 저소득가구 주거문제 해결에 관한 약간의 의견」과 같은 해의 '경제적용주택 관리방법'을 대체했다. 2007년에 발표한 두 가지 '방법'은 새로운 것을 규정한 것이 아니라

2004년에 제정했던 제도를 보완하고 규범화한 것이다.

'염가임대주택 보장방법'에서는 염가임대주택제도의 보장범위를 점차 확대하고 5개 경로(재정예산, 주택공적금 운용수익, 토지출양 순수익의 최소 10%, 염가임대주택 임대료 수입, 사회기부)를 통해 자금원을 해결할 것을 규정했다. 또 염가임대주택 건설용지를 우선적으로 배정하고 염가임대주택의 세대별 건축면적을 50㎡ 이내로 제한하며 반년 이상 임대료를 납부하지 않을 경우 퇴출하는 등의 내용도 포함했다.

'경제적용주택 관리방법'은 주로 경제적용주택제도의 집행과정에서 나타난 문제점과 불공정한 내용의 규범에 대한 것이었다. 주요 내용을 보면 경제적용주택의 상품성을 희석시키고 보장성을 부각시키며 행정획발[8])을 통해 우선적으로 토지를 공급하고, 개별 주택의 건축면적은 60㎡로 제한하고 전매하는 경우 정부가 우선적으로 회수하게 되는 제한적 소유권만 갖는다고 규정했다.

2010년 건설부는 「염가임대주택 관리 강화 관련 문제에 대한 통지」와 「경제적용주택 관리 강화에 관한 문제에 대한 통지」를 발표해 보장성 주택제도를 완비하고 염가임대주택과 경제적용주택에 대한 관리를 강화했다.

2. 보장성 주택 건설과 관리의 문제점

중국은 1998년부터 주택보장제도를 수립해 도시 저소득가구의 주택 문제를 어느 정도 해결했다. 그러나 중국의 주택보장제도는 출발이 늦었고 기반이 없었으며 각 지역 경제의 격차가 심해 아직까지 부족한 부분이 많다. 대규모 보장성 주택 건설이 아직까지 시작 단계이기 때문

8) 행정획발(劃撥): 현급 이상 인민정부의 비준을 받아 토지사용자가 원주민에 대해 보상이나 정착에 필요한 비용을 지불한 후 국유토지사용권을 취득하거나 무상으로 국유토지사용권을 취득하는 제도, 일반적으로 토지를 무상으로 무기한 사용했다.

에 일부 지역에서는 보장성 주택 관리의 중요성에 대한 인식이 부족해 건설에만 치중하고 관리에 소홀한 현상이 나타났다. 문제점은 주로 보장성 주택의 공급이 부족하고 보장범위가 불충분하며 경제적용주택과 염가임대주택에 대한 관리가 부실하고 경제 수준이 낮은 지역에서 염가임대주택 건설에 필요한 자금이 부족한 점 등에서 나타나고 있다.

1) 보장성 주택의 공급 부족

(1) 경제적용주택의 공급물량 적음

1998년 국무원이 발표한 「도시주택제도 개혁 심화를 통한 주택건설 가속화에 관한 통지」는 주택의 실물 분배에서 화폐화 분배로 전환하는 한편 경제적용주택의 건설 추진을 목표로 하였다. 1998년부터 2009년까지 경제적용주택의 건설은 원래 계획했던 목표를 달성하지 못했고 공급물량이 전반적으로 감소세를 보였다.

(가) 경제적용주택의 판매면적이 전체 주택의 판매면적에서 차지하는 비중이 감소했다

1998~2009년 경제적용주택의 총 판매면적은 4억㎡였으며, 연도수치로는 1998년 1,667만㎡에서 2009년 3,059만㎡로 증가했다. 그러나 전체 주택의 판매면적 대비 비중은 2000년 최고수준인 22.7%를 기록한 후 줄곧 감소했고 2005년 이후에는 완만한 흐름을 보이면서 점유비중이 줄곧 6.5% 정도에 불과했고 2009년에는 3.5%까지 감소하였다(그림 3 참조).

(나) 경제적용주택 준공수량은 전반적으로 감소했다

경제적용주택의 준공수량은 2000년과 2001년에 최고점을 기록해 각각 60만 세대를 기록한 후 감소하기 시작했고, 2005년에는 28만 7천 세대로 줄었다. 그후 완만한 상승세를 보였지만 2009년에는 39만 8천 채에 불과했다(그림 4 참조). 1998~2009년 경제적용주택의 준공수량이 전체 주택수량에서 차지하는 비중은 12.9%로 전체적으로 보면 공급물량이 적었고 실질적인 보장범위가 불충분했다.

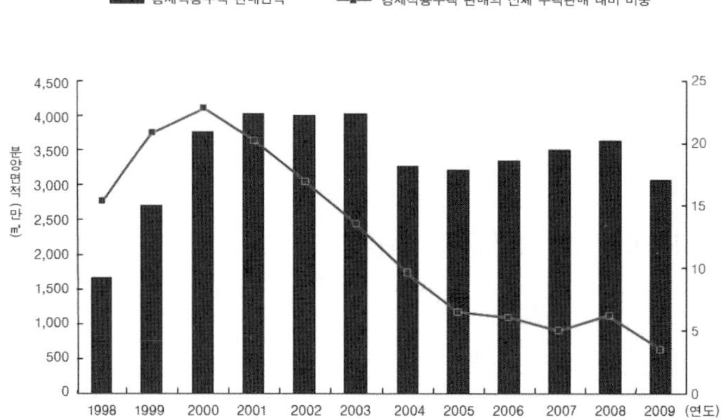

〈그림 3〉 1998~2009년 경제적용주택 판매면적의 주택판매면적 대비 비중

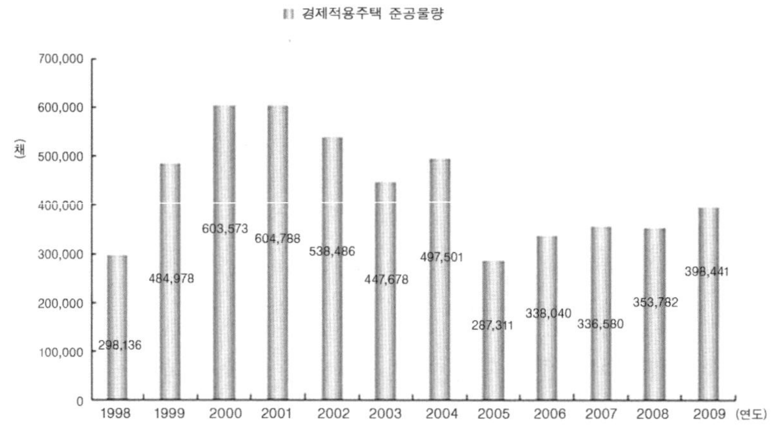

〈그림 4〉 1998~2009년 경제적용주택 준공 현황

(2) 2007년 이전까지 염가임대주택의 보장범위 협소

2007년까지 염가임대주택제도를 통해 최저소득가정의 주거문제를 해결할 수 있는 혜택대상의 범위가 협소했다. 1999~2006년까지 염가임대주택제도를 통해 주택문제를 해결한 최저소득가정은 54만 7천 세대에 불과했고 투자 자금은 70만 8천 위안[9]이었고, 2007년의 이 수치는 68만 세대, 94억 위안[10]이었다. 2007년까지 염가임대주택을 통해 주택문제를 해결한 최저소득가정은 전국 1,000만 세대의 12.3%[11]에 불과했다.

2) 경제적용주택과 염가임대주택의 관리 부족

(1) 2007년까지 경제적용주택의 관리가 상대적으로 혼란

경제적용주택은 중국 주택체제 개혁의 산물로 중국이 복리적 주택분배에서 화폐를 통한 매입으로 전환하는 과정에서 강력한 추진력을 제공했다. 하지만 정책을 집행하고 관리하는 과정에서 편파적인 문제점 및 혼란이 야기되었다. 예를 들어 경제적용주택을 혜택대상인 중등소득가정이 구입하지 못하고 오히려 고소득계층의 자산과 투자도구가 되어 벤츠나 BMW 같은 고급 자가용을 가진 고소득가구가 경제적용주택을 매입하는 사례가 적지 않았다.

그리고 경제적용주택에 대한 관리와 감독 역시 부족해 경제적용주택을 시행하는 과정에서 많은 문제점이 도출됐다. 예를 들어 주택면적이 너무 크거나 외곽에 위치해 교통 등 부대시설이 확충되지 못한 것이다. 심사 과정이 엄격하지 않았던 가장 중요한 이유는 자격심사의 엄격한

9) 출처: 2006년 자료는「건설부 2006년 도시 염가임대주택 제도 건설 현황 통보」, 주택과 도시농촌건설부 홈페이지, www.mohurd.gov.cn

10) 출처: 2008년 양회 기간 주택과 도시농촌건설부 뉴스브리핑, 인민일보 홈페이지, www.people.com.cn

11) 건설부와 민정부 2005년 조사 및 추산 결과 인용, 전국 1인당 건축면적이 10㎡ 이하인 저소득 가구가 약 1,000만 세대였다. 출처는 2009년 양회 기간 주택과 도시농촌건설부 뉴스브리핑, 인민일보 홈페이지, www.people.com.cn

집행여부가 자격심사와 관련된 기관(구매자의 직장[12])과 관련 건설 부처)들과 직접적인 이해관계가 없었고 또한 엄격히 심사를 하지 않아도 아무런 책임을 지지 않았기 때문이었다. 경제적용주택은 중저소득주민의 기본적인 주거문제를 해결을 하는 것을 목적으로 하지 중등이상 소득계층의 주거환경 개선을 위한 수요를 그 대상으로 포함하지는 않는다. 2004년 '경제적용주택 관리방법' 실시 주택면적에 대한 엄격한 규정이 마련되었지만 일부 지역에서는 여전히 대형 면적의 호화 경제적용주택이 건설되었다. 이런 문제점이 나타난 주요 이유는 경제적용주택 제도가 완비되지 못하고 감독과 관리가 엄격하지 못했기 때문이었다. 2007년 발표된 24호 문건과 '경제적용주택 관리방법'은 관리적 측면에서 경제적용주택제도를 개선하고 규범화했다.

(2) 염가임대주택 관리기관의 부실과 인력 부족, 효과적인 진입과 퇴출 체계와 관리감독, 처벌체계 미흡

먼저 기관과 인력에 관한 제도가 부실하다. 일부 시와 현에서는 염가임대주택의 관리와 시행업무를 전담하는 기관을 설립하지 않았고, 담당기관이 임시방편에 불과해 시와 현의 부동산관리국 산하에 소속되어 있었다. 전담 인력도 부족해 대부분 겸직이거나 관련 부서에서 파견된 직원이어서 인력에 비해 처리할 사무가 많았다. 또 예산에서 업무경비를 배정받지 못해 염가임대주택 업무를 처리하기에는 역부족이었다.

둘째, 심사체계가 미흡하다. 일부 지방에서는 소득을 심사하는 부서의 협력시스템이 부실하고 소득조사결과의 정보화 수준이 낮아 염가임대주택 기준에 부합하지 않는 가구가 염가임대주택의 진입 체계의 허점을 악용해 염가임대주택을 배정받는 문제를 초래했다. 염가임대주택의 정보관리체계 구축이 지연되어 효과적인 관리감독 방법을 확보하

12) 경제적용주택을 구매하기 위해서는 일정 자격에 부합해야 하며, 그 자격부합을 증명하기 위해 구매자의 회사에서 소득증명 등을 해주어야 함.

지 못해 염가임대주택의 사용과 보장대상의 경제상황이 변동을 즉각적으로 감시할 수 없다. 때문에 일부 염가임대주택에 거주하지만 가구소득이 개선되어 소득과 주택면적 모두 염가임대주택의 보장기준을 초과한 가구가 있어도 효과적인 퇴출시스템과 감독, 처벌시스템이 없어 염가임대주택에서 퇴출시키는 것이 현실적으로 어렵다.

3) 경제가 낙후된 지역의 염가임대주택 건설 자금 부족

정부가 발표한 '염가임대주택 보장방법'에서는 필요자금 마련을 위한 5개 분야의 자금원을 규정했고, 그 가운데 토지출양 순수익의 10%와 대출준비금과 관리비용을 공제한 주택공적금 운용수익 전액을 염가임대주택 건설에 사용하도록 했다. 2009~2011년 중앙재정에서 염가임대주택 건설을 위한 일정 자금을 배정했고 이에 상응하여 성 정부와 시 정부 역시 염가임대주택 건설에 일정 비율의 자금을 제공하도록 요구했다. 그러나 염가임대주택을 건설하는 과정에서 자금 부족은 여전히 주요 문제다. 그 원인을 보면 경제가 상대적으로 낙후된 성과 시, 현(구)는 재정이 취약하기 때문이다. 또 주택공적금 운용수익도 상대적으로 적고 토지출양수익 역시 한계가 있으며 토지출양수익이 지역 상품주택시장 상황의 제약을 받아 안정성이 떨어진다. 보장성 주택을 건설하는 과정에서 직면하는 자금 문제는 지금은 물론 향후에도 일부 경제가 낙후된 지역에서 더욱 두드러질 것이다.

3. 정책 제안

주택발전단계는 주택보장의 혜택 범위와 정도를 결정하고 주택보장 방식 선택에도 영향을 미친다. 주택보장은 과도한 주택시장화의 결함과

단점을 보완해준다. 주택이 심각하게 부족할 때 주택공급이 주택의 수요를 만족시키지 못하면 주택가격과 도시 주민가정의 평균 주택지불 능력 사이의 격차가 커지며, 그만큼 폭넓고 강도 높은 정부의 보장도 필요하다.

1) 정부가 보장성 주택 건설과 관리의 주체

주택이 가지는 고유한 특성과 주택시장의 결함으로 인해 저소득계층은 시장체제를 통해 자신의 주거문제를 해결하기는 쉽지 않다. 선진국의 경험을 보면, 정부가 그 나라의 거시경제 조정하고 관리하는 주체로서 사회의 전면적인 발전 추진과 국민 전체의 기본 권리 보장을 책임지고 보장성 주택 건설과 관리의 주체가 되어야 한다. 또한 정부는 주택보장체계 구축의 중대한 임무를 책임지고 보장성 주택 공급체계를 구축하는 주체가 되어야 한다. 중앙정부와 지방정부는 각자의 역할에 충실하게 수행해야 한다. 예를 들면, 중앙정부는 매년 주택보장에 대한 재정 투입을 늘리고 보장성 주택의 공급을 확충해야 하고, 지방정부는 중앙정부의 기조에 따라 구체적이고 실행 가능한 정책을 마련해야 할 것이다.

2) 보장성 주택 관리기관과 관리체계 수립

첫째, 보장성 주택은 법정 전문기관이 운영해야 한다. 보장성 주택 건설과 관리는 종합적이고 장기적이며 전문적인 업무로 반드시 법정 전문기관이 시행해야 한다. 또한 지도 부서를 선정해서 각 분야를 조율해야 한다. 특히 염가임대주택과 공공임대주택은 개인소득과 부동산 문서체계를 마련해 진입과 퇴출 시스템을 완비해야 할 것이다.

둘째, 염가임대주택의 관리를 강화하고 보장범위를 확대해야 한다. 염가임대주택은 최저소득가구 주택보장의 주체가 되어야 할 것이다.

이러한 염가임대주택 건설은 정부 재정을 주요 경로로 하는 제도적이고 안정적인 자금원을 수립해야 한다. 염가임대주택의 보장범위를 점차 확대하고 특히 도시로 이주하여 장기간 일한 근로자 가구 중 염가임대주택의 보장조건에 부합하는 계층들을 보장 범위에 포함시켜야 할 것이다. 또한 동태적 관리를 강화해 반년마다 한 번씩 자격과 기준을 심사해야 한다. 그밖에 '염가임대주택의 조건과 경제적용주택의 조건 사이에 모두 부합하지 못하고 표류하는 계층'13)의 주택문제를 해결하는 공공임대주택을 건설함은 물론 관리를 강화해 현행 보장성 주택 관리를 참고해 같은 문제를 반복하지 말아야 할 것이다.

셋째, 경제적용주택 제도에 대한 규범을 확충해야 한다. 경제적용주택제도를 혁신하여 경제적용주택을 중저소득주민의 주택문제를 해결하는 주요 방안으로 삼고 조건에 부합하는 수요자를 선별하며 정부에서 주도하는 폐쇄적인 운영방식을 채택하는 것이 바람직하다.

넷째, 양한상품주택제도를 완비해야 한다. 양한상품주택의 건설과 관리는 경제적용주택과 양한상품주택, 일반 상품주택을 적절하게 조율해 합리적인 가격구조를 마련하고 양한상품주택의 총량을 적절하게 통제해야 한다. 또 양한상품주택 공급대상을 확정하고 건전한 감독체계를 마련해 공평성과 투명성, 공정성을 실현해야 한다.

3) 장기적으로는 조건에 부합하는 도시이주 장기근로자를 주택보장 범위에 포함

중국의 주택보장제도는 보장의 목적과 공급대상은 구분이 모호하고 공급방식과 절차에 제도적 허점이 있다. 주택문제 해결은 매우 어렵고 복잡한 사업이기 때문에 장기적이고 여러 분야를 함께 아우르는 종합적인 계획이 필요하다. 원칙적으로 도시 주민의 주택보장대상은 도시에

13) 중국에서는 이러한 계층을 '지아신청(夾心层)'이라 칭함.

거주하는 소득수준이 중등 이하인 가구와 도시로 이주해 장기간 일한 근로자들도 포함된다. 도시화가 빠르게 진행되면서 도시로 이주해 오랜 세월 동안 일한 근로자들이 대부분 도시의 상주인구가 될 것이다. 그 가운데 대다수가 소득수준이 중등 이하이기 때문에 이들을 대상으로 한 주택보장의 기준을 설정하는 것이 현재 주택보장정책이 직면한 난제로 떠올랐다. 주택보장제도는 단기적인 문제 해결을 고려해야 하지만 장기적이고 지속적인 목표를 수립하고 경제의 발전과 함께 사회 발전 목표도 포함해야 한다. 정부는 '도시호구를 가진 도시주민'의 주택 문제를 해결하고 보장하는 것은 물론 이미 장기간 동안 도시에 거주하고 있는 근로자들도 포함해야 할 것이다. 장기 거주의 기준은 5~10년 사이를 고려할 수 있다.

4) 정책성 주택금융제도의 조속한 수립

훌륭한 정책성 주택금융은 선진국이 주택보장제도를 수립할 수 있는 여건을 조성했다. 또 공공주택정책에 관대한 외부 환경을 마련해 비교적 유리한 여건에서 주택보장제도를 실시할 수 있었다. 훌륭한 정책성 주택금융은 그 자체가 주택보장제도의 중요한 내용이다. 중국이 주택제도의 개혁을 추진에 있어서 정책성 주택금융의 발전이 주택보장제도 수립의 관건이 되었다. 주택은 자금 집약형 제품으로 단위가치가 높아 소득수준이 중등 이하 가구의 소득을 훨씬 초과한다. 때문에 정부는 개인의 주택매입에 대한 금융지원을 제공해 매입자의 지불능력을 강화해야 한다. 현재 중국의 정책성 주택금융은 주택공적금 대출을 제외하면 아직까지 소득이 중등 이하인 가구를 직접 겨냥해서 저금리 또는 무이자 대출을 제공하는 주택금융기관이 없다. 따라서 정책성 주택금융제도의 수립과 규범화가 필요하다.

이를 위해 먼저 주택공적금을 정책성 주택금융으로 전환시켜야 한다. 주택공적금은 자금조달과 보조 기능을 동시에 수행하는 전형적인 정책성 금융수단이다. 하지만 아직까지 건설을 책임진 주관부서에서 관리하고 있고 각 지역으로 분할되어 본래의 기능을 발휘하지 못하고 있다. 각 성급 주택공적금 관리센터(기관)을 행정관리부서에서 점차 정책성 주택금융은행으로 전환하고 정책성 주택금융은행 및 그 업무를 은행감독위원회에서 일괄적으로 관리하고 감독하는 체계를 마련해 다양한 정책성 주택금융은행이 각자 다른 지역에서 업무를 취급하고 기업이나 개인이 자유롭게 납입기관을 선택할 수 있는 자유를 부여해 정책성 주택금융시장의 경쟁성을 강화해야 할 것이다.

둘째, 입찰방식을 통해 관련 상업은행이 정책성 주택금융업무를 취급할 수 있도록 허가해야 한다. 독일의 경험을 참고해 선 예금, 후 대출과 예금과 대출을 연계하는 정책을 시행할 수 있다. 또 정책성 주택대출 리스크담보체계를 마련해 소득이 중등 이하인 가구에 담보를 제공해야 한다. 이자 보조금과 담보자금은 중앙 및 지방정부 재정에서 분담해야 한다. 토지출양에 관한 암묵적인 보조에서 대출금리에 대한 명시적 보조로 전환[14)]하고 금리는 시장금리의 1/2 수준으로 고려할 수 있다.

셋째, 정책성 주택대출에 대한 엄격한 제한을 마련해야 한다. 생애 최초로 주택을 매입한 가구에게 제공하고 기준면적 이하의 주택에만 제공해야 한다. 정책성 주택대출을 받아 주택을 매입할 경우 주택권리증에 사실을 명시하고 대출계약서에 시장금리를 약정해야 한다. 만약 주택매입자가 주택을 매도할 경우 약정한 시장금리에 따라 이자를 납부하지 않으면 명의를 이전할 수 없다. 또 다른 주택을 매입할 경우에도 반드시 약정 금리대로 이자를 납입해야 한다. 개인소득과 주택신용

14) 정부가 경매 방식으로 토지를 출양해 얻은 일부 수익금을 토지의 1급 개발이나 기반시설 건설, 보장성 주택 건설 등에 사용하는데 이것이 '암묵적 보조'다. '명시적 보조'란 정부 수익을 보장하는 전제 아래 개발사가 일정 비율의 보장성 주택을 의무적으로 건설하도록 규정한 방식 등이 있다.

조사시스템도 조속히 수립해야 할 것이다.

5) 보장성 주택의 단계적 보장체계 완비

개발도상국인 중국은 단기간에 광범위한 주민의 주택문제를 해결할 수 없다. 때문에 주택보장제도는 등급을 나누어 보장대상의 구체적 수요에 따라 다양한 수준의 보장을 제공해야 한다. 등급별 계획을 수립해 단계적으로 중등소득 가구 및 저소득가구의 주택문제를 해결해야 하며 경제정책 내용과 주택발전 단계, 주민의 보장수요에 따라 주택의 공급구조와 공급방식부터 시작해 소득수준별 지불능력에 적합한 단계적인 주택보장체계를 마련해야 할 것이다. 주택보장의 본질은 정부가 주택의 시장가격과 국민의 지불능력 사이의 격차를 부담하는 것이므로 주택보장제도는 보장의 다양한 수준을 반영해야 한다.

【참고】

· 보장성 주택의 단계식 보장 방식

· 최저소득가구: 염가임대주택(정부가 건설과 관리 주도)

· 지아신청(夾心層): 공공임대주택(다층적 임대료 확정)

· 중저소득가구: 경제적용주택(제한적인 소유권 방식의 폐쇄적 운영)

· 양한상품주택: 중등 이하 소득가구

2011
중국 부동산 발전보고

1판 1쇄 찍은날 2011년 12월 5일
1판 1쇄 펴낸날 2011년 12월 10일

지은이 주 편 / 판자화, 리징귀
부주편 / 샹자오웨이, 리언핑, 리칭
옮긴이 이기영
펴낸이 김진규
펴낸곳 건국대학교출판부
등록 / 제 4-3 호(1971. 6. 21)
주소 / 143-701, 서울시 광진구 아차산로 263 건국대학교
전화 / (02) 450-3891 ~ 3
팩스 / (02) 457-7202
홈페이지 / http://press.konkuk.ac.kr
이메일 / press@konkuk.ac.kr
책임편집 임경희
찍은곳 (주)동화인쇄공사
정가 16,000원

ISBN 978-89-7107-540-1 93300

부동산 발전보고 편집위원회

□ 주편(主編): 판자화(藩家華), 리징궈(李景國)

□ 부주편(副主編): 샹자오웨이(尙教蔚), 리언핑(李恩平), 리칭(李慶)

□ 편집위원: 왕청칭(王誠慶), 왕훙훼이(王洪輝), 니우펑뤠이(牛風瑞), 펑창춘(馮長春), 리훙위(劉洪玉), 리칭(李慶), 리언핑(李恩平), 리징궈(李京國), 쥐샤오윈(鄒曉雲), 션젠중(沈建忠), 위밍쉬엔(俞明軒), 위엔시우밍(袁秀明), 녜메이셩(聶梅生), 샹자오웨이(尙教尉), 챠이챵(柴强), 시에동진(謝家瑾), 판자화(藩家華), 웨이훠카이(魏后凱)

주요 편집자 소개

□ 판자화(潘家華): 중국사회과학원 도시개발 환경연구소 소장, 국무원자문전문가. 허북성 사회과학원 장강경제연구소장 역임. UN국제기후위원회 경제평가전문위원, 중국생태경제학회부회장, 중국국가외교정책자문위원회 위원

□ 리징궈(李景國): 중국사회과학원 도시개발 환경연구소 연구원, 부동산실 주임, 중국사회과학원 연구생원 교수, 중국도시경제학회 이사. 수행한 프로젝트 및 논문으로 성(省)급 각종 우수성과표창 6회

□ 샹자오웨이(尙教尉): 경제학박사, 중국사회과학원 도시개발 환경연구소 부연구원, 중국사회과학원 연구생원 교수. 2003년부터 『중국 부동산 발전보고』 작업 참여. 주요 학술논문 30여 편, 저서 다수

□ 리언핑(李恩平): 경제학박사, 중국사회과학원 도시개발 환경연구소 부연구원. 주요 학술논문 20여 편, 저서 다수. 대표저서로는 『한국의 도시화 경로와 발전성과』, 『경제전환과 효율전도기제의 변화』 등

□ 리칭(李慶): 고급(高級)엔지니어, 중국사회과학원 도시개발 환경연구소 부연구원, 중국사회과학원 계획국 계획처장 역임. 건축 및 부동산개발 프로젝트 다수 참여